文芸社セレクション

上に立つ者にとって最も大事な教訓

企業運営の在り方・考え方

元 地方銀行取締役
岡野 正明

文芸社

はじめに

自分の人生を振り返り、ビジネスマンでも事業経営者でも、思い通りにたどってきたと言う人は、皆無に等しいのではないかと思います。私も銀行員としてのビジネスマン人生を振り返ると、山あり谷ありの連続で、思わぬ人に助けられたり、予想もしなかった部署への異動で仕事や人間関係に悩まされたりしました。七十歳を過ぎた今、こうしてビジネスから離れた生活の中で振り返ってみると、運にも助けられ、まさに「人生はあみだくじ」であると言うのが素直な感想です。こう申し上げると、運に任せてきた人生のように取られ誤解を招くかもしれませんが、言わんとする意図は、同じ企業の中でも異動は、原則企業の意向に沿ったものとなり、一緒に働く人も業務も自分では決められないのです。ではどうおかれた立場で生き抜くかですが、結局は、自分を見失うことなく、行く先々の水に合わせ、自分の才能を置かれた部署で如何に仕事に誠実に向き合い、持てる才能を余すことなく発揮するしかないのです。しかし、地位が上がれば上がるほど、否応なしに常に孤独と責任と決断が隣り合わせになるのです。この時必要なのは、しっかりした自らの在り方、考え方を持ってどれだけ私心を捨てて誠実に現実に向き合っていけるかであると思います。

私は地方銀行に四十年身を置き、最後の七年は、役員として経営の一端を担いました。この貴重な経験を通して経営の立場から現場感覚として企業経営の在り方、考え方について、その一端を書かせていただきました。これに加えて私のビジネスマン人生の指針としていた日本における先人の言行録、また中国古典の言葉の中からリーダーの心構えとして参考になるものを併せて書かせていただきました。

松下幸之助は、企業経営の成功者と失敗者の違いを私心のありなしにあると言っていました。宰相・田中角栄は、自分を磨き、相手を見抜き、責任と泥をかぶる生き方を実践して組織、部下を掌握しました。後藤新平もお金や事業よりも人を残して死ぬことが最上であると人材育成の重要性を説いていました。また、武田信玄も最大の関心事として適材適所の人材配置に重きを置いて多くの戦いを制してきました。

群雄が割拠して覇権を争った春秋戦国時代に書かれた中国古典の「論語」、「孟子」、「中庸」、「老子」などの中には、乱れた世をどう立て直すか、どう勝ち抜き対処するかなど、経営者をはじめ上に立つ者の心得が豊富にありますので、是非心にとどめていただきたいものも何点か書かせていただきました。

また、『巨大倒産』の著者である有森隆氏は、その著書の冒頭で早川種三氏の「企業倒産を招く原因の多くは、経営者の怠慢《たいまん》である」との言葉を借りて倒産した企業の経営者の責任を述べるとともに、その怠慢の要因を「成功体験に縛られ、バトンタッチをすることを怠った。…引き際を誤って晩節を汚すこととなった。傲慢《ごうまん》は人間と企業を滅ぼす最も重い病気である」と書いています。

新型コロナウイルスの感染拡大も残念ながら収束せず、現在まで終息は見えたとは言えません。また、昨年の二月二十四日に始まったロシアのウクライナ侵攻も一年経ちましたが終わりは、まだ、見えません。毎日テレビ、新聞などで悲惨な状況を見るにロシアの横暴さ、残虐さに憤りを覚え心が痛みます。世界情勢の行方は、不透明感を増し心配の種は尽きません。新型コロナウイルスが終息し、侵略戦争が終わってもウクライナの再建と混乱した世界経済を立て直すのは、容易でなく長引くであろうと思われることです。一方、日本に目を向けると中国と北朝鮮に隣接する地政学リスクは益々高まり確かな解決策も見出せずにいます。加えて国の膨らむ一方の過剰債務で弱体化がヒタヒタと進み、健全化への道のりが遠のくことも心配です。機能不全したグローバリゼーションは信頼感を失い、経営者の経営課題への悩みと取り組みは尽きないと思います。しかし、どんな状況にあっても、収益を確保し絶対に潰れない堅固な企業を作り上げることは、経営者に課せられた責務です。その中で本書が少しでもお役に立てれば幸いに存じます。

二〇二三年二月向春　　岡野正明

目次

第二章　経営者の行動と意思決定の在り方

第三章　社員を大事に、顧客を大事に　経営する心と社会貢献

第四章　顧客サービスを通じた組織の改善と成長

第一章　経営者の心構えとリーダーシップ

■トップの倫理観は上の上であれ

【要点】

・知識は並の上でよいが、倫理観は上の上でなくてはならない。
・経営者は常に見られているので、あらゆる面で鑑となる行動が必要。

【解説】


企業でもどんな組織でも、おかしくなるのはトップの在り様であります。在り様として良くも悪くもトップの倫理観如何であります。

知識、能力も企業にとっては欠くことのできないものであります。しかし企業経営においてトップとして推し進めていくためには、倫理観は、常に知識、能力の上に位置付けなければならないものです。

従って、経営者は倫理観を企業経営に向かう姿勢において最優先におき業務運営に当たらねばならないのです。

よく魚は頭から腐るといわれますが、まさに組織も頭から腐るのであります。組織が最初に腐るのは、倫理観の欠如です。腐り始めるのは、外でもない、経営者の倫理観の欠如からなのです。

あちこちの企業、その他組織で起きている大きな問題の原因の一つは、組織の責任者としての自覚に悖《もと》る倫理観の欠如に基づくと思われます。企業で起きた問題点の隠蔽《ぺい》。あるいは問題の改ざん。また問題を長期に放置。これらは、すべて企業経営にあたるトップの倫理観の欠如であります。組織として機能していない欠陥も要因としてはないことはありませんが、どんなにチェック機能する部署を設置したとしても、日本の企業では、経営者までなかなか及びません。これを機能させ活かすためには、経営者自らが姿勢を如何に正すかにあります。

トップの倫理観の欠如が根底にあれば、問題は長期間放置され、特に経営者が直接、間接、何らかの形で関与していることになれば、間違いなく大変な問題となり、企業の存続を左右することとなるわけです。

これをコンプライアンスの欠如という言い方もあるが、私は、敢えて倫理観と言わせてもらいます。何故か、コンプライアンスは、法律の問題ですが、倫理観のほうが心の在り様までも含め広く捉えるからです。つまり、実行に移さなくても、悪く考えるだけでも経営者としてはダメなのです。

社員がその組織をおかしくすることもあるが、多くは企業の屋台骨を揺るがすまでにはいくことは少ないのが実態です。

経営者の倫理観の欠如に基づく問題の発生は、企業の存続を危うくするといっても過言ではないのです。そういった意味で、トップの倫理感は上の上であらねばならないのです。知識がいらないというのではないのです。企業にとって知識（技術）は大事であります。経営者においても判断をするうえで、当然一定の知識は必要となるわけです。

しかしその知識は、経営者として判断する上での知識でよいと思います。従って知識は並の上で、よいということとなるわけです。そういう意味で絶えずトップは、社員ばかりでなく株主、世間（お客、社会）からも見られるという意味で、一段と高い倫理観を求められており、自社のあらゆる面で鑑になっていなければならないのです。

トップは、後継者の選定にあたっては、その条件は種々ありますが、その最上位に倫理観において問題ない人物を選定することに心掛けなければならないと思います。

では具体的な基準は何かといえば、なかなか難しい面もありますが、健康、経営への情熱、社内での評判、取引先の評判等もその一つではあるのですが、勤務以外の行動が意外と人間性の本質を見るに参考になると思っています。

例えば家庭での夫婦仲、金銭問題、ゴルフのプレー姿勢、また酒の席などの振る舞いを見ていると人物的にトップとしての資質が垣間見えるものです。

台湾の元総統の李登輝氏も、その著書『最高指導者の条件』の中で、トップの人事の要諦として「奥さんを見なさい」と言っているように、家庭での夫婦仲はその大きな要素の一つと言えるかと思われます。また私の経験から酒の席での振る舞いに問題がある人物は、絶対に避けるべきだと思っています。

■人生の失敗の多くは、「金」と「酒」と「女」と「賭《か》け事」である

【要点】

・サラリーマンにおいては収入は限られて酒と女と賭け事に夢中になると自ずとお金が足りなくなる。
・生活が変わり見た目も変わる。経営者は不祥事の兆候として心得る必要がある。
・上に立つ者は、常に衆人環視にさらされていることに肝に銘じて言動、行動には注意してかかる必要がある。

【解説】

銀行員は職業柄、付き合う対象の業種、人は非常に広い。ましてや支店長以上になるとその付き合いはさらに広くなり、かつ深みが増すことになります。従って多くの経営者との付き合いが自ずとできることとなります。そういった意味では、銀行員は人生の勉強になることを様々な経営者から広く学ぶ機会が多くなり、ありがたい職業でもあります。さらに経営者の付き合いの関係でその先の仕入先、販売先、お友達等

取引先以外の人との付き合いもできるようになることも多く、他にはない職業であると思います。

その縁を得る機会は、会社であることもあれば、飲食の場、ゴルフを通じてなど様々な場から付き合いも生まれるものとなります。

そんな付き合いとして支店長時代の付き合いの一人から学んだことが、今回の留意点です。この縁は、取引先の社長さんを通じて知り合いとなった、ある刑事さんから教えていただいた事例を取り上げてみました。

知り合いとなった刑事さんは、刑事二課に属し長く汚職、暴力団取り締まり、麻薬犯罪取り締まりを担当している四〇代のベテラン刑事でした。

私が異動となっても数年にわたる付き合いがあり、付き合いが始まってから一〇年後位で若くして（五〇代）病気で亡くなられましたが、葬儀には出席させていただきました。警察関係以外の多くの人が焼香に参列していたことからも、その人柄が推察されます。

その刑事さんから教えてもらったことの一つがここに申し上げたことです。是非、他山の石として今日から心にとめて対応していただければと思い書きました。

贈収賄事件の発端、兆候は、噂から初動捜査が始まりますが、まず収賄側の人物の行動を追うと、すぐにわかるそうです。

先ず派手になるそうです。その派手なものとして見えてくることが「金」、「酒」、「女」、「賭け事」に向かい、金遣いが荒くなり生活が派手になるそうです。飲み屋に通う回数が増える、服装が派手になりグレードアップ、賭け事にのめり込むことも多々あるそうで、この情報を見逃さず、汚職を摘発するそうです。これを一般に当てはめてみても、大方、同じようなことが言えるかと思います。また最近の不祥事の新聞記事、ニュースを見ても、事件の陰に多くが「金」、「酒」、「女」、「賭け事」のいずれかが絡んでいるのです。

人生のつまずきには、病気、けが等の不運もありますが、自ら招くつまずきは、「金」、「酒」、「女」、「賭け事」のいずれかなのです。

宮城谷昌光著『歴史の活力』にもある通り、昔から、「金と女は、男の二大欲望であるから、ここを無難に通過できる人間は、そう多くない」のです。

それも問題を起こすのは、厄介なことに、多くは事業の絶頂期、あるいは安定期、ビジネスマンで言えば定年間近に、今申し上げたような理由で躓《つまず》いているのです。共通して言えることは、それを可能とする地位と権限を持ち、加えて組織の監視の目が甘く、時間的余裕も重なって起こると思っています。

昔から「小人閑居して不善を為し、至らざる所なし」（大学・伝六章）と言われているように、とかく人間は、暇と金ができれば、不善を企て、それが顕在化すれば、世間を騒がし取り返しのつかないこととなるのです。上に立つ者は、常に衆人環視にさらされていることに肝に銘じて言動、行動には注意してかかる必要があるのです。

■事業には引き際の基準の明確化が必要

【要点】

・最も難しいのが事業の撤退で、意見が分かれることが多い。
・トップは、普段（平時）から中止基準、撤退基準を明示、明確化しておくことが必要である。
・始めるよりも、終わらせることの方が頭を悩ませ、意見も分かれて難しいのです。

【解説】

既存事業の採算悪化、新規事業の失速等様々な要因で事業を取り止め撤退する企業のニュースは最近特に目に付きます。撤退を判断するまでに、すんなり実行に移す企業もあれば、社内で意見が分かれ最終判断をするまでに紆余曲折《うよきょくせつ》し決定される場合もあると思います。あるいは、実態の情報がトップまで届かず、臭いものに蓋をしたまま長期間顕在化せず、手遅れとなった事業もあると思います。あるいは、議論が白熱し、冷静に議論できず感情的にもなり社内にシコリを残すことも間々あると聞いています。

ニュースからでは、社外の人にはこれらの撤退に至るまでの経緯は容易に知ることはなかなかできないのが現実です。

最も難しい事が、この引き際、つまり撤退の判断なのです。従って、経営者の手腕が問われるのも、事業の撤退なのです。

新規事業を起こすのも、同じように、トップの決断が問われ大変ですが、事業撤退に比べたら、遥《はる》かに違うと思います。つまり始めるよりも、終わらせることの方が頭を悩ませ、意見も分かれて難しいのです。

また、撤退の遅れは、企業への資金負担等の財務面の影響、経営者への信頼等にも影響し、想像以上にマイナス面が大きいのです。

特に既存事業においては、誰でもわかっているのですが、勤続年数が長い社員ほど、一般に、長く積み上げ取り組んできた愛着のある大切な事業を手放す選択は、理屈抜きで容易ではないのです。

従って、これを避けるためには、普段から、すなわち平時から、撤退基準を明文化し明確化しておくことが必要となるのです。

場合によっては、新規事業承認時、遅くとも事業開始時には、撤退基準を明確化しておくことが必要です。

撤退の基準をどのように定めておくかは、収益面、赤字許容期限、計画との乖離幅、環境変化、競合状況等幅広く、事業の内容によってさまざまだと思います。

少なくとも問題が惹起《じゃっき》してからズルズルと担当部門、責任者が事業を続けることのないよう、経営への報告を含め明確な経営判断が下せる基準を設定しておくべきであると思います。

撤退基準を作成するにあたって大事なことは、新規事業にせよ、既存事業にせよ基準に基づいて報告等がなされている場合は、はじめから担当者、部門の責任者を責めないことです。経営の責任として捉えて対処すべきことであり、負の報告を躊躇することとなると、基準を作っても報告等が隠蔽され、対応が手遅れとなるのである。

普段から基準を明確化しておくことは、もちろん大事でありますが、企業の重要事項においては、経営者の責任逃れのような対応は絶対しないことを、社内に事あるごとに、知らしめておき、安心してトップに報告できる文化、雰囲気を作っておくことが必要です。

経営への報告がご法度の雰囲気のある企業で長期間報告がなされず、世間を騒がしている例が時々起こっていることはご承知の通りです。

■公私混同は、トップの命取り

【要点】

・お金の面での公私混同は、トップの命取りになりかねない。
・社員は、トップのお金の使い方をよく見ており、特別の関心を持っている。
・たとえ少額でも、自腹を切るくらいの心構えが必要である。

【解説】

どんな企業でも多かれ少なかれ後を絶たないのが「公私混同」であり、一般には公私のけじめがつかないことから起こるものと言われていますが、どんな小さなことでも、決して放置してはいけないことなのです。

某都知事経験者が公私混同を叩《たた》かれ、辞任に追い込まれた例を見ても、企業においても公私混同は、コンプライアンス違反で内容によっては命取りになるのです。

では何故、公私混同が起こるのでしょうか。銀行でのビジネス経験を通じて感じることは、大半が公私混同の意識が薄く、ある意味では、地位におぼれた甘えとか、気の緩みから起きている場合が多いように見受けられます。

社員は、トップのお金の使い方をよく見ており、特別の関心を持っていることを肝に銘じ、たとえ少額でも、公私混同と思われるお金の支出には、自腹を切るくらいの心構えが必要であります。

また、公私混同には当たらないが、トップの振る舞いとして、傍から見て公私混同ととられる行為もあり、対応に十分留意してふるまうことが必要であります。

公私混同を大きく分けると、経費の不正支出、勤務時間中の私的行為、備品の私的利用持ち帰り、その他行為の四つ位になるかと思います。

トップに対するものとして最大の問題は、やはりその地位を利用して行う、経費の不正支出ではないかと思います。また、不正ではないが、私から見ると、グレーでちょっと許せない公私混同と認識しているものもあります。

不正経費の支出では、仕事以外での飲食代の請求、ワイシャツなどのクリーニング代の請求、また定期券の支出などでも問題があります。抜き打ち検査で判明した例では、六カ月間の支出にもかかわらず一カ月しか定期券を購入していなかった例です。このことから不祥事が判明した例もあります。

一方、経費の不正支出には該当せず違反ではありませんが、到底社員の納得は得られず、私から見ても、極めてグレーで、トップの倫理観から見ても止めた方がいいと考えているものもあります。

その例が、遠方へのゴルフプレーを含む出張で、ゴルフバッグの宅配料金を経費として費用請求したものです。通信交通費で支払うことはできますが、社員から見て納得いかないと思います。また、団体、協会等のゴルフコンペは別ですが、平日の一対一の接待ゴルフなどもするべきではなく、土曜日か日曜日の休日にすべきであると思っています。

さらに、奥さん（配偶者）同伴の出張での宿泊を伴う旅費の請求で国内では四泊五日を超えなければ、税法上は経費での支出はできることとなっていると思いますが、たびたび重なれば、給与と見なされる懸念もあります。これも社員から見れば納得できないと思います。さらに、トップの宿泊を伴う出張で会社への手土産を会社の経費から福利厚生費で支出することはできますが、わずか数千円の費用は自腹でするべきで、トップの社員への心遣いに対する気持ちは、一気に解消し、有難味など得られるとは思えません。

トップを含め役員クラスは、それだけの報酬を得ているのです。トップがお金の面でセコイ行為と社員に思われたら、会社内の士気は上がりません。

勤務中の私的行為としては、仕事の書類の無断持ち帰り、社外での無断たばこ喫煙、社内パソコンでの私的利用、電話、メールのやり取りなどがあるかと思います。

備品の私的持ち帰りとしては、社員で多いことですが、消しゴム、鉛筆、ボールペンなどの消耗品の持ち帰り、中元、歳暮の山分け、贈答品の持ち帰りもあると思います。

その他の行為とは、退社後の上司の飲食への強引な誘い、トップの私的買い物等指示、社内不倫等が挙げられます。

いずれにしても、社内規定を不断に見直し、漏れがある場合は、きちんと整備しておく必要がありますが、トップは社内規定以前に、倫理観に欠けるセコイ行為は絶対やめることです。

■仕事も遊びも得意分野で失敗する

【要点】

・得意とする分野では、奢りと慢心が先立ち、思わぬ大きな失敗をする。
・このことを前提に仕事も遊びもすることである。

【解説】

多くの場合、自分が得意だと思っている分野で失敗しやすいと言うことは、うすうす誰でも感じていることではないでしょうか。このことは、遊びも仕事も同じなのです。ことわざに「サルも木から落ちる」、「弘法も筆の誤り」、「上手の手から水が漏れる」などがあるように、昔から言われていることなのですが、言うは易《やす》くで、今でもよく起こることなのです。

政治家は、得意な弁舌で誤解を与えたり、酒が強い人は、酒が原因で宴席でトラブルを起こしたり、営業の得意な人は、説明や、契約手続きで手を抜き失敗するのです。

金融機関でよく起こる例としては、一つは融資案件の取り上げです。本部の融資審査部出身の人間が支店長で赴任した場合、融資案件で失敗することがあります。

融資に強い人間であるとの自負が邪魔して、周りの意見を素直に聞くことができず、無理して取り上げた結果、不良債権化した例もあるのです。支店に行くと立場が変わり、営業推進面に軸足がかかり、変に積極的になり、周りの意見が聞けず、失敗するのです。

要は、自分が得意とする融資分野であることから、特に融資の取り上げにあたって、部下など周りからマイナスの情報を受けても、なかなか意見を聞き入れられないのです。取り上げた後で回収が滞り不良債権化した例などがあるのです。

また預金、為替関係では、仕事ができると支店内の評価の高い行員についてですが、仕事も非常に速いのですが、慣れてきて基本の手続きを逸脱した上に、管理者のチェックも甘くなったことが重なり、振り込みで事故を起こした例などがあります。

では何故、自分が得意とする分野で起こるのでしょうか。その原因はといえば、「過信」とか「驕り」、「慢心」、「油断」、「慣れ」などに加えて、「プライド」とか「面《めん》子《つ》」が先に立ち周りの意見を受け入れることができず、自分の失敗や過ちを認めず、場合によっては、報告が遅れ、発覚に時間がかかるのです。

特に得意分野においては、自分の失敗や過ちを認めないだけでなく、さらに取り繕うとか、隠蔽《いんぺい》が始まると、取り返しのつかないこととなり、自ら墓穴を掘ることになるのです。

このようなことから、自分の得意とする分野において、周囲から意見やら忠告があったときは、無視せず謙虚に受け入れ、今一度、確認、チェックするなどして慎重の上にも慎重に対処するなどの心構えが大事なのです。

ところで、長く同じ業務などに携わっていると、知らず、知らずのうちに慣れが始まり自然と手を抜くものなのです。またそれで問題が起こらないと、基本を逸脱した対応が、いつの間にか、当たり前になり、日常化して大きな失敗につながるのです。

大手企業のあちこちで長年日常的に起こっていた検査データの不正など、直接このこととは結びつくかどうかわかりませんが、会社全体、つまり集団で意識的な手抜きや過ちを認めないだけでなく、さらに取り繕うとか、隠蔽《いんぺい》が始まり、正義感が通用しない状態となり、取り返しのつかないこととなったことは、まさにこの例ではないでしょうか。

これとは反対に、自分にとって不得意な、あるいは馴れていない仕事、分野では、自然と慎重さが前面に出て、基本を忠実に守る意識が強く、分からないことは周囲の助けを求めたり、確認したりするとともに、周《まわ》りからの指摘も素直に聞ける場合は、失敗しても大きな失敗にはならないのです。

トップに立つと、兎角《とかく》、下の意見を認めようとしなくなり、頑固《がんこ》になることが多くなるのです。

今一度、論語の「過《あやま》てば則ち改むるに憚《はばか》ることなかれ」とか、「知ることを知ると為し、知らざるを知らずと為せば、是《これ》知るなり」のように初心を忘れずに素直で誠実な姿勢を持ち続けることを心に刻むことなのです。

■トップが強すぎる統治は、会社全体が思考停止する

【要点】

・強すぎるトップによる統治が長期化すると組織全体が萎縮し、思考停止の弊害を生み、ひいては不祥事の温床となる。
・企業は、絶えず強すぎる部分を薄め、弱い部分を強化する必要がある。
・企業の監視機能として社外取締役、社外監査役はその機能を試されている。

【解説】

企業の統治のことを「企業統治」とか「コーポレートガバナンス」と言われています。企業統治は、企業の健全性を確保する上で最も大事な機能です。

この目的とか狙いを簡単に言えば、企業にとっての株主とか社員などの利害関係者の利益を守るためです。株主の権利保護（企業価値の向上）と企業の組織ぐるみの不祥事や犯罪を事前に防止するために、社外取締役や社外監査役による経営陣の経営を監視する仕組みのことなのです。

株式会社でもどんな組織でも経営陣、とりわけトップは経営の実権を握っています。その権限は強大です。この監視体制が不十分であると、ともすれば独裁体制を生み、暴走を許すこととなります。ひいては、情報の隠蔽を生むとともに、経営者の不祥事の発生をも防止できなくなるのです。

企業統治と似ているものに内部統制があります。内部統制は、企業が社員に守らせるための社内規則（ルール）のことで企業倫理などです。従って企業統治とは異なります。

しかし企業統治と内部統制は異なりますが、健全な企業運営には、企業統治と内部統制は、関連しているのでどちらも必要な制度なのです。

しかし、現実には企業統治が不十分で企業不祥事に発展している例は後を絶たないのです。その経営者の身勝手な不祥事件の例として最近では、オリンパス、東芝の粉飾決算事件、関西電力の金品受領問題、積水ハウスの地面師事件などがあります。いずれも共通しているのは、強すぎる経営者ゆえの事件であると思います。

また不祥事ではありませんが、セブン-イレブンのカリスマ経営者として長く君臨した鈴木敏文氏の内紛ともいえる取締役会での退任劇も、強すぎる経営者の典型な騒動と言えます。

トップは、企業運営の実権を握っており、企業の実態をすべて把握しています。場合によっては、これらの情報を株主らに隠したり、歪曲したりすることもできます。ともすれば暴走を許してしまうことになります。

経営陣への監視体制が弱いと独裁体制を許し、ひいては不祥事の温床となってしまいます。企業内部からは、暴走を防ぐことや、防止することはなかなか不可能なのです。利害関係者の利益を守り、経営陣を監視し統治するためには、企業統治は必要不可欠な仕組みなのです。

また、二〇一八年にできたコーポレートガバナンス・コードには、取締役会において、経営トップを含む取締役の人選は、客観性・適時性・透明性のある手続きの確立という原則が明記されています。

しかし、なかなか機能しづらいものです。何故か、実態となると社外取締役も社外監査役も、その多くがトップの意向が働いている人物が就任している場合が多いのです。正直、日本には、トップをきちんと監視し暴走を食い止めることは、今の仕組みでは残念ながらできないのです。ですから、企業不祥事は、数年ごとに発生しているのも事実です。

戦国大名である武田信玄の戦略・戦術を記した軍学書に「甲陽軍鑑」があります。

その中に国を亡ぼす大将として、四つが記載されています。(巻三 品第十一)

第一に馬鹿なる大将、第二に利根《りこん》なる大将、第三に臆病なる大将、第四に強すぎる大将とあります。この第四の強すぎる大将は、ダメだとしているのです。何故か、自信過剰とワンマンは、部下の思考停止が起き弊害が発生するということなのです。

■趣味と遊びは天井を設けてあたる

【要点】

・遊びには際限がない。ゴルフでも夜の飲食でも一定の制限を設けないと、知らず知らずに度を越し仕事に影響する。

・遊びには、一定の限度を設けて対処しなければならない。

【解説】

「喉元《のどもと》過ぎれば熱さを忘れる」ということわざがありますが、経営者も苦労して、それなりの企業に成長し、経営が安定して、ある程度お金が自由になり、さらに時間的にも余裕ができてくると、苦しい時のことを忘れ、ともすれば仕事以外のことに走るのです。

「小人閑居《かんきょ》して不善をなす」ではありませんが、凡人は、兎角《とかく》、事業以外に興味、関心が向かい趣味とか、株への投資とか、ゴルフに夢中になり、社員、取引先から見放され企業をおかしくするものです。仕事とともに、趣味を持つことは、心を豊かにして、仕事にもプラスに影響し、よいことで役立ち決して悪いことではないのです。

しかし経営が安定し、順調になったときに、苦しかった時のことを忘れず、いつも心に油断や奢りが起こらないように戒めて、経営者としての責任を自覚、仕事を忘れずに対処したうえで、趣味とか遊びに向き合えば問題はないのです。

しかし人間は弱いものです。苦しい時は、なりふり構わず、ひたすら仕事に没頭し、趣味とか、遊びなど全く目をくれず集中できるのですが、時間とお金に余裕ができると、水が高いところから低いところに流れるように堰を切って、時間とお金が趣味とか投資、遊びに向くものなのです。遊びの楽しさを覚え、趣味の楽しさ、投資による金もうけを覚えると、趣味でも、遊びでも、その深さは計り知れず底がないように、時間を無理に作り、お金が続く限り、際限がなく続く懸念があるのです。

骨董品収集でも、ゴルフでも、夜の飲食でも一定の制限を設けないと、知らず知らずに度を越し、時間とお金を費やし、次第に仕事に影響が出てくるものです。

銀行員時代に、真面目で、温厚誠実で、これといった趣味を持たなかった経営者が、ゴルフと骨董品に夢中になり会社が傾き、おかしくした例を何度か見ています。

長年苦労して築き上げた企業でも、傾くのは簡単なのです。これまで投資経験がないとか、これといった趣味を持たなかった経営者に、この傾向が強いと言えます。また、周りに同じような仲間がいると、仲間の影響も無視できないのです。

余資の資金運用として投資をすることも、心を豊かにするために趣味を持つことも決して悪いことではありませんが、問題は、どこまでで止めるかと言うことで、度を越すことをしないことです。

遊びにも、趣味でも、投資でも足を入れると奥は深く際限がないのです。周りの意見を素直に聞き、時間、お金に一定の限度、制限を設けて、自らを律して仕事と趣味、遊びなどをバランスよく対処していかなければならないのです。

中には、趣味が仕事であるとか、仕事が生きがいであるとか言った経営者も時々新聞等で見ますが、こういった経営者はうらやましい限りです。本業の仕事でも成功しているのであろうと推測いたします。

大企業は別として、中小企業の場合は、トップの力量で会社の命運が決まるのです。とすれば、企業経営をその柱にしなければなりません。遊びや趣味はもともと経営者個人のことに過ぎません。特に、中小企業の経営者にあっては、何をおいても経営者でいる限り経営に責任を持ち、心を許して遊ぶことなく経営のことを天職と思い片時も忘れないでほしいのです。

■引き際のタイミングを誤らないこと

【要点】

・トップは、業績がよい時に退くのが一番良い。
・引き際のタイミングを誤ると評価が分かれる。
・引き際は、誰も背中を押してくれない、自ら決める英断が必要である。

【解説】

経営者にとって難しいのは、後継者に後を託し、自らの出処進退を決める身の退く、引き際の問題です。よくこれが一番難しいと言われています。

中国古典の『菜根譚《さいこんたん》』の中にも「事を謝《しゃ》するは、正盛《せいせい》の時に謝すべし」（地位を引退するには、全盛期に退任すべき）と書かれています。また同じ中国古典の『老子』の中にも「功を遂げて身退くは、天の道なり」（功名を遂げたならば、その地位から退くのは天の道に沿うものである）と教えています。

ところが世の中はこの反対のことが行われている例が実に多いのです。有名な企業でも、大物政治家でも、その地位に恋々として、いろいろ理由をつけて退くどころか地位に固執している人は多いのです。またそれが原因で醜《みにく》い争いを起こし、混乱を招いて、世間を賑わすこともあります。
このように、昔から自ら進退を決めることは非常に難しいことで、身を引く潮時《しおどき》を定められる人は意外と少ないのです。菜根譚は、身を退く時期としては、全盛の時、頂点に上り詰めたときが一番良いと言っています。全盛の時に身を引けば、自分も安心して後を託せるし、周囲の人も実績、人徳を尊敬し、後々まで評価が高いのです。

【引き際の環境とタイミング】

引き際として考える企業環境には、どんな状況に至ったときに考えるべきかと言いますと、大きくは二つになります。
一つ目は、企業環境が芳しくない状況にあるときです。
①業績が低迷、あるいは計画目標の未達
②企業理念、倫理に反する事故、不祥事等の発生

二つ目は、企業環境が良好な状況にあるときです。

①業績良好（過去最高益等）、計画目標達成（トップ就任時の中期計画達成等）
②後継者が育ったと思えたとき

一つ目の企業環境が芳しくないときは、必ず誰かが背中を押して退任を示唆してきます。当然、このサインを無視できず引き際を考えるもので、引き際については問題なく普通は退任するものです。

問題は二つ目の業績良好、中期計画達成等、また後継者も育成されているときです。この時に本当にトップが退任を決断できるかであります。

トップは、想像以上に孤独で、責任も大きく激務です。また五年も経てば新しい発想など出てきません。半面、業績良好であれば、皆がヨイショ、ヨイショで誰も苦言を呈する人はいません。

一方で、人事権を掌握《しょうあく》し、運転手付きの社用車があり、交際費がある程度自由に使えます。業績がそれなりに問題ないと、意欲は多少低下しても、知らず、知らずのうちに「もう一期（二年）」「もう一年」とズルズルとトップに居続けるものなのです。

長くなればなるほど、どんなに優秀と言われた人間でも熱は冷めて、本当は会社にとっては早く退任してもらいたいのです。熱が冷めたトップには、会社にとっても、社員にとっても、株主にとっても居座ることは迷惑以外のなにものでもありません。

しかし、こういったとき、誰も引き際など忠告はできませんし、言える人は皆無と言えます。

誰も背中は押せないのです。先ほど申し上げた二つ目の環境に至ったときには、誰に言われなくとも引き際のシグナルと理解し、一年～二年以内に自ら退任を英断するしかないのです。これが退任後の会社内での評価を下げないことでもあるのです。

■ワンマン経営は人を育てない

【要点】

・ワンマン経営者の最大の問題点は人が育たないこと。
・いつまでも人を育てないワンマン経営では、人が去り、人が来なくなる。
・そして会社経営が立ち行かなくなり自らの首を絞めることとなる。

【解説】

中小企業においては、程度の差はあれ、ワンマン経営が一般的な経営スタイルとして定着しているのが実態だと思います。

取引先の経営者から人材の派遣を銀行側によく頼まれますが、才能のある優秀な人を出向させても、一年以内に戻ってくる場合が意外と多いのです。

何故か、銀行から見ていると優良企業で立派な経営者なのですが、外からは経営者のワンマン性が見えず、耐えきれなくなって戻ってくるのです。このようなケースは、結果として優秀な行員をダメにすることとなり、本人だけでなくワンマン性を見抜けなかった銀行にも責任があると思うと大変残念なことです。
ワンマン経営者の特徴は、一般に次のように言われています。

【ワンマン経営者の特徴】

◎メリット
・強いリーダーシップがある
・意思決定のスピードが速い
・数字に強い自負がある
・主要取引先を押さえている

◎デメリット
・常に自分が正しいと思い、人の意見を聞かない
・プライドが高く、自ら優秀だと思っている
・朝令暮改で、言っていることが変わる
・社員を自分の意のままに動かすクセがある
・社員の好き嫌いが激しい

・周囲にはイエスマンしかいない

このように、ワンマン経営は、一般的には悪いイメージが強いのですが、反面、ワンマン経営者と言われている経営者は、多くが自ら強い意志を持ち会社全体を引っ張っていくリーダーシップがあり、事実、優秀な人も多いのも事実です。また、意思決定のスピードが速いことも強みであります。

しかし、人の好き嫌いが激しく、自分の意見に同調しない社員は遠ざけたり、距離を置き、自分の意見に同調する社員を近づけ、可愛がる傾向も強いのです。

経営者自身が意図的にしていなくても、誰も忠告する人がいなくなり、無意識的に会社はいつしかイエスマンしかいなくなるのです。イエスマンが社内で高く評価されようものなら、仕事のできる有能な人材が続々と社外に流出することもあります。

組織上では役員が存在していても実質的にワンマン体制で会社が経営されている場合、トップ以外の役員は経営に参加していないと同じような状況にあるわけです。

経営状態が良好な時は問題が表面化しないのですが、ワンマン経営では、一度、トップが判断ミスを起こすと命取りになることは極めて高いのです。最低限、トップに何か起こったときに経営の采配を振るうナンバーツーは必要なのです。ナンバーツーの不在は、会社の成長を阻害するワンマン経営最大の弊害といっても過言ではないのです。

トップが主導した粉飾決算、法令違反、パワハラなどの不正行為を防止するためにもトップに意見の言えるナンバーツーは必要なのです。

ワンマン的な経営を長らくやっていると、問題を多く抱えトップ自らも辞めるに辞められなくなり負のスパイラルが続くのです。

どこかで、経営者が会社を思い、ナンバーツーを育てる、社員を育てるという意識の転換で会社はガラッと変わるのです。変えなければ会社は個人商店となり、いつしか魅力を失った会社となるのです。

是非、自信がある経営者ほど、絶好調の時に謙虚に会社組織を見直し、人を育て、有能な人の集まる、会社を目指すことを心にとめて舵を切ってほしいものです。

■正しい評価は観念論（思い込み）から脱却した評価が必要である

【要点】

・先入観や評判に惑わされることのない真の評価は意外と難しい。
・学歴等の思い込み評価から脱却し、仕事への姿勢、熱意をどう評価するか。
・評価は常に高すぎるか、低すぎるかになるので正しく評価することは難しい。

【解説】

私は銀行出身なので人の評価に止まらず、経済状況、為替相場等を含めコメントを常に求められていましたが、いつも困るのが「正しい評価」なのです。しかし何をもって正しいかは難しいのです。しかし、これを敢えて申し上げれば、人の評価でも、経済状況でも、為替相場でも利害関係者の「納得性」だと思います。少なくとも当事者が受け入れ可能であれば、よしとすべき評価と考えます。

第七章でも記載しましたが、論語の中にトップに立つ者の心構えを述べた「君子の九思」（九つの心構え）というのがあります。その一番目に、「視《み》るに明を思い」ということを言っています。要約しますと先入観や評判に惑わされることなく人物や物事の真の姿を視るようにしなさいと言う意味だと思います。一般的に人は、フィルターを通して人や物事を見る癖《くせ》があります。トップとしては、これを排除して自分の確かな目で見なさい、評価しなさいと言うことです。しかしこれが難しいのです。

評価の中でも最も難しいのが人の評価なのですが、人の評価では、二つに分かれます。一つは取引先の経営者の人物評価＝「経営者を見る」ことの外部評価です。もう一つは、行員に対する評価の内部評価で、一般に人事評価と言うこととなります。

では外部評価としての経営者の人物評価が何故、重要かと言いますと、ご存知のように「経営は人なり」というように、経営者は、経営の三要素「ヒト・モノ・カネ」の一つなのです。中小企業においては、特に経営者の経営能力が企業を左右することとなりますので、銀行の場合融資にあたっては、経営者の人柄＋経営能力面から見た評価がとりわけ重要となると思います。それは経営者が自分の事業に情熱と責任を持っているかの有無です。

松下幸之助は、経営者としての評価の決め手について問われたら、「事業に対する愛着と熱意の度合い」であると言っています。

内部も外部も、いずれの場合も評価においても避けなければならないのは、観念評価＝思い込み評価なのです。具体的には、内部、外部評価においても、高学歴＝仕事ができる、能力のある人物であったり、女性経営者、並びに女性管理職＝男性経営者、並びに男性管理職より劣る、感じの良い経営者＝事業内容良好などであります。

いずれにしても、「人は見かけによらぬ」とよく言われており、人を評価＝見分けると言うことは、大事なことなのです。一面だけを見たり、表面的な印象、噂などに左右され、高すぎるか、低すぎるかで評価し、正しく評価することは至難のことなのです。

しかし、正しい評価ができることで内部においては、上司、部下の「納得性」を生み仕事での相乗効果を発揮できるとともに、外部においては、取引先との信頼関係から信用を確保、構築できるのです。

特に有能で自分に自信を持っている経営者ほど、自分を基準として評価を行う傾向が強く、とかく厳しい評価に陥りやすい厳格化の傾向があります。取引先の経営者の才能、能力を見誤ったり、内部においては、評価が厳しくモチベーションが上がらず人材が育ちにくいことにもつながりますので注意が必要です。

いずれにしても、人でも、企業でも、経済でも、しっかりと観察、評価、分析せず、自分の思い込みによる評価は避けなければならず、まさに経営者は、論語の「君子の九思」の中の一番目の「視《み》るに明を思い」を忘れずに正しい評価に努めなければならないのです。

■経営者は清廉にして率先垂範し職責を果たさねばならない

【要点】

・清廉を頭において経営に当たらねばならないが、相手に求めすぎてもいけない。率先垂範を起爆剤として、社員の行動力を喚起する。

【解説】

経営者など社会的地位にある者は、何といっても「清廉」でなくてはなりません。清廉とは、心が清く私利私欲がなく、行いが潔《いさぎよ》いと言うことです。この清廉に反することは、最も恥ずべきこととして、地位を利用して公私混同をすると言うことです。特にお金の面については、ことさらであります。

永くその地位にいると「清廉」と言う言葉が形骸化して、知らず知らずのうちに「このくらいは許容のうち」、「いただくのは人間関係の維持として当たり前」の意識が起こるのです。

万が一発覚した場合は、当然その地位を降りなければならず、生きている限り汚名を着ることとなり、本人ばかりでなく、身内にも大いに影響するのです。

一方、組織においては、あまりにも清廉潔癖すぎてもいけないのです。私などは、どうもこれが強すぎて、人にも求める嫌《きら》いがあり、人間関係の中で孤立する傾向があり反省している次第です。

中国古典の「菜根譚」（洪自誠《こうじせい》）の中にもあるように、「世渡りでは、あまり潔癖すぎてはならない。汚れやけがれまで、すべて腹に納めていくだけの度量《どりょう》を持ちたい。人間関係では、好き嫌いの感情をあまり表に出し過ぎてはならない。どんなタイプの相手とも、皆受け入れていくだけの度量と包容力を持つことが必要である」とこう書かれています。

（身を持《じ》するは、太《はなは》だ皎潔《こうけつ》なるべからず。一切の汚辱垢穢《おじょくこうあい》をも、茹納《じょうのう》し得んことを要す。人に与《くみ》するは、太《はなは》だ分明《ぶんめい》なるべからず。一切の善悪賢愚《ぜんあくけんぐ》をも、包容《ほうよう》し得んことを要す）

つまり、極端に走ってはいけませんが、清廉と言うことを頭において、経営に携わらなくてはいけないのです。

二つ目は、「率先垂範」であります。経営者は、その責任の重さと同時に、行動力を問われているのです。経営者が先頭に立ち汗を流さずに誰がついてくるでしょうか。

山本五十六の「やってみせ、言って聞かせて、させてみせ、褒めてやらねば人は動かじ」の言葉ではありませんが、社員のやる気を起こさせ、行動に移らせるには、経営者の率先垂範なのです。

しかし、何でもかんでも、すべて自分で動いて完結して、一生懸命さをアピールして自己満足していてもだめなのです。自分が動いて、それを起爆剤として、社員をうまく動かし全体としての成果を挙げなければ意味がありません。

経営者はその職責は重く、辛い立場ですが、この責任の重さ、辛さを口に出し、顔に出しても誰も同情などしてくれませんし、期待してもいけないのです。会社の社員を引っ張っていくためには、黙々と職責を全うする姿を見せるだけでいいのです。

以上の清廉と率先垂範が経営者に欠如した会社には、次の三つの現象が発生してきます。

一、放漫経営（経営者の経営能力が落ち、会社の私物化等による混乱）

二、浪費（金銭感覚のマヒ、事業以外の投資等資金運用）

三、事業への挑戦意欲の減退（不断の変革）

この三つへ対応が遅れがちになると、企業を滅ぼすこととなります。私は、この三つを「企業の内なる敵」と呼んでいます。因みに外なる敵は、他社との競争、環境変化です。

注：太《はなは》だ：非常に　皎潔《こうけつ》：白く清らかで汚れのないさま　汚辱《おじょく》：地位、名誉などをけがし、恥をかかせること　垢穢《こうあい》：あかと、よごれ。あかがついて、よごれていること　茹納《じょのう》：しまう　分明《ぶんめい》：他と区別がついてはっきりしていること　持《じ》する：維持する

■上に立つ者は、やさしさと厳しさのある人間を目指せ

【要点】

・部下を持ったら恐れられるが一目置かれ、相談される人間を目指せ。
・原則は八割叱って、二割褒める。

【解説】

「過去に仕えた上司で今でも思い出に残り、評価できる上司とは、どんな人ですか」と問われれば、やはり厳しさと優しさのある人ではないでしょうか。

何故そうなのでしょうか。私は、そう言う厳しい上司の下で仕事を任された時、仕事では厳しい口調で叱られたり、怒られたりしましたが、仕上がった時、心から優しく褒められたりした時が最も充実し、忘れがたい時を過ごしたように思っています。

ですから仕事では、妥協せず厳しいことをたくさん言って何回も仕切り直しても、仕上がったときの「ご苦労様でした」のねぎらいの優しい言葉で、それまでの苦労がすべて吹き飛び、「この上司でよかった。今しばらく一緒に仕事をしたい」と誰でも

思うものではないでしょうか。

どんなに厳しくとも、優しさを持ち合わせた上司には、つい言うことを聞いてしまうのです。しかし、上に立って働くようになると、必ず厳しく接して叱らなければならない場面があるものですが、どうしても「嫌われたくない」とか、「部下が遠ざかったらどうしよう」という不安な気持ちが先行するものです。この時、厳しさ＝ムチと優しさ＝アメを使い分け、「この上司でよかった。今しばらく一緒に仕事をしたい」と思わせることができるかであります。

どこの会社でも、仕事に厳しく、できればあの人の下では、一緒に仕事をしたくないと言う評判の人間はいるものです。私が在籍した銀行でも何人かそういった人がいました。

人事異動で、図らずも、その評判のある人の下で仕事をすることとなり、異動発表後に多くの仲間から「大変だね」と電話の向こうで言われたものでした。異動当初は、勝手がわからず、何回か叱られて、噂通りの印象を持ったものでしたが、ある企画の仕事で褒められたことを機会に、予想だにしていなかった優しさに触れ、恐れは持っていましたが、一目置かれたことで、その後は、距離感も縮まり、気さくに仕事の相談に乗ってくれたこともあり、噂とは違って「これこそ、なりたい理想の上司」と思うほどになり、人生とは不思議なものと感じた思い出があります。

よく大きな仕事が一段落すると街に出て美味しいお酒を何人かにご馳走してくれ、アルコールで酔ってくると本音が出て、一層親近感が湧いてきたものでした。

皆には、いつも妥協せず高いクオリティを要求してきましたが、成果を出し、きちんと応えていれば、予想を超えたサプライズの評価をしてくれました。

このように、少し恐れられていますが、優しさと厳しさを兼ね備えた上司こそ理想の上司ではないでしょうか。

しかし、この優しさと厳しさとの使い分けのバランスは意外と難しいのです。人によっても違いますが、あまり厳しく叱り過ぎてもいけません。そうかといってあまり優し過ぎたり、褒め過ぎたりすると、人によっては甘えが過ぎて、付け上がるのです。

確かなものはありませんが、子供とは違って、八割叱って、二割褒めるくらいでいいのかなと思います。

また、厳しさで注意すべきことは、自分本位で感情的になって怒鳴るようなことはしないことです。逆効果となりますので筋の通った、思いやりのある厳しさが必要なのです。

優しいだけで、厳しさのない会社では、うまく運用することはできないと思います。

やはり、厳しさの中にやさしさを持っている会社こそが、会社を成長、発展させることになると言えます。

■トップは勝《か》ち戦《いくさ》では後ろにつき、負《ま》け戦《いくさ》では前面に立つ

【要点】

・全員が同じレベルの危機感を共有すること自体を期待するのは無理である。
・好調な時は手柄を経営者が我がものにして前面に立たないこと。

【解説】

トップは、事業が順調なときは、流れに任せ、あまり口出しせず、事業が不振、低迷したときは前面に出て、自ら陣頭指揮を執り、トップの真価を示すことが重要です。特に事業が不振、低迷したときの経営者の振る舞い如何で、社内での経営者に対する評価が定まるので、信頼関係を築くうえで最も大事な時なのです。

どんな組織でもトップに立つと、組織内の様々な認識について温度差に気づくことが多いと思います。特に、企業においては、業績が順調な時は、トップが動かなくても、流れに任せてもうまくいくものですが、一旦、売上が低迷したり、収益が厳しくなったり、その他の管理体制等でも問題が起こったりすると、急に社内の雲行きが、

おかしくなるものです。雲行きがおかしくなると、つい経営者の言う口癖は「社内の危機感が足りない、なさ過ぎる」といった社員に責任を押し付ける他責のように取れる不満の言葉が出るのです。

しかし、冷静に考えてみると、経営者から一般社員、パートさんまで社内全員が同じレベルの危機感を共有することを期待するのは無理な話です。

何故か、地位が異なれば、当然、責任と権限が違うこととなり、危機感のレベルは、責任と権限の程度に比例して起こるものであり、立場が違う一般社員、パートさんは、当然低くなるのです。これを前提に社内を見てしまうと不信感が生まれ信頼関係そのものが失われた環境となり、会社全体の勢いが発揮できなくなるのです。

不振な時は、会社全体の思考回路もマイナスになり、悪いことの連鎖を必要以上に考えてしまうのです。経営者も同じように冷静さを失いがちですが、不振な時こそ不振の原因がよく見えるのです。最も大きな責任と権限を有する経営者こそ、勇気をもって前面に立つことです。大事なことは、人任せにせず具《つぶさ》にその状況と原因を自らの目と耳で認識し、深刻化しないうちに手を打ち致命傷にならぬよう食い止めなければならないのです。

一方、好調な時は、経営者が特に手を打たなくても勢いで、売上も増加し、すべての回転が速くなり、企業内のすべての動きも速くなるものです。しかし、速いと言うことは、見逃すことも多くなるのです。この時は、一歩引いて社内全体を冷静に見て対処する人が必要なのです。冷静に見て対処できる人は、まさに経営者であり、経営者がこの役割を担わなければならないのです。

もう一つは、好調な時、手柄を経営者が我がものにして前面に立たないことです。樹に例えれば、経営者は、根であり、幹であります。花を咲かせ、実を成らせるのは現場の社員である枝であります。

経営者一人でも、社員一人でも何もできないということを理解して、経営者は、社員と苦楽を共にし、社員に手柄としての花を咲かせ、実が成らせる良い環境づくりに徹して会社を支える心掛けが必要なのです。

特に、経営者は、自分の力を過信しないことが大事なのです。根がしっかり張り、立派な幹でも、売上であり、利益である、美しい花を咲かせ、大きな実を成らせなければ、何の意味もなく、世間も評価しません。

社内の士気が高く、好調な時は、少しでも持続するよう経営者は、根をしっかり張り、幹を太らせ、目立たぬようにして、次の年はもっと美しい花を咲かせ、もっと大きな実が成るよう支援に回れば良いのです。

そして、次なる売上、収益につながる新たな商品、サービスへの取り組みに力を注ぐ種まきの体制の指揮を執ることが必要なのです。

■上に立つ者は、「身だしなみ」と「言葉遣い」に留意する

【要点】

・「身だしなみ」と「言葉遣い」は、自社の好印象を相手に与える大事なプレゼンテーションの一つである。

・「身だしなみ」と「言葉遣い」を通じて経営者の人物評価とその先の企業の信用を評価している。

【解説】

「身だしなみ」と言われたときに、一般的にどんなことを思い浮かべ、どんなことに気を付けたらいいでしょうか。一つは髪の形、色、口臭、爪、ヒゲなどの「身体」に関わることです。もう一つは身に着ける背広、ネクタイ、ワイシャツなど「服装」に関わることではないかと思います。

さらに物腰、振る舞いなども含めて広く「身だしなみ」と捉えていいかと思います。

「言葉遣い」は、丁寧で、分かりやすい言葉の使い方です。

人はこの「身だしなみ」と「言葉遣い」で相手に好印象を与えたり不快感を与えたりします。一方、「人は見た目じゃない中身です」とよく言いますが、やはり見た目＝「身だしなみ」次第で相手に与える印象を大きく変える一つの要因になることは否定できないのではないでしょうか。「身だしなみ」や「言葉遣い」を気にせずに不快感を与えて、中身で勝負することは、あり得ないのです。

ですから特に、初対面で相手に与える第一印象は、整った髪の形、衣服の清潔感や、笑顔と穏やかな話し方など態度からくる清潔感、誠実性の有無で無意識のうちに人を判断することが多いのです。

このことは、相手も同じように見ているのです。ですから言い換えれば「身だしなみ」と「言葉遣い」は、プレゼンテーションの大事な入り口なのです。

また、「おしゃれ」と「身だしなみ」の違いをよく聞かれますが、「おしゃれ」は、自分自身を基準として服など着るものですが、「身だしなみ」は、相手の評価を基準として服など身に着けるものです。「身だしなみ」では、特に相手に不快な思いをさせないように配慮することが必要です。

一方で最近は若い経営者がジーンズなどラフな服装などでプレゼンテーションをしたり、社員にカジュアルの服装での勤務を認めている企業も多くなってきているのも事実ですが、やはりカジュアルな服装では、どちらかと言うと「おしゃれ」に近い服装に見られる傾向が強く、ビジネス上では「身だしなみ」としてはどうかと思っています。

その分、休日にカジュアルな服装で気持ちを切り替え、個性豊かな自分の思い通りの「おしゃれ」を存分に楽しんだら良いのではないかと思います。

ビジネス人生の駆け出しのころは、この「身だしなみ」と「言葉遣い」に対する気遣いは、夢中で仕事を覚えることと同じように、いつも心にとめて、緊張感を持っていました。しかしいつしか仕事に慣れてくると「身だしなみ」と「言葉遣い」に対する気遣いも少なからず薄れるのも事実ではないかと思います。

しかし、上に立つ者は、会社を去るまで、その一挙手一投足を通して絶えず社員、取引先、あるいはお客様から、経営者としての品格と能力について見られているのです。そして、この「身だしなみ」と「言葉遣い」を通して本人の人格と会社の品格を評価し、企業の信用に、そのまま繋《つな》がっているのです。

■経営者は財務三表の基本は押さえておくべき

【要点】

・財務三表から自社の収益、財務バランス、資金繰り状況をおさえておく。
・銀行は財務三表のどこを見ているか、見方を理解しておく。

【解説】

私は、地方銀行の出身ですが、地方銀行は、現状の株価から見れば、まだ総体的に低く割安で、不人気な銘柄の一つです。株価は、よく将来性＝成長性を占う指標と言われていますので、これから言いますと、残念ながら地方銀行は、つい最近まで将来性に魅力がない業界の一つとなっていました。

では、何故、地方銀行は、将来性がなく不人気なのでしょうか。地方の人口減少もありますが、一言で言えば、長く続き、出口の見えない異次元の金融緩和政策＝低金利環境です。

特に地方銀行のビジネスモデルは、預金を預かり（調達）、それを貸出金や有価証券（運用）で稼ぐ収益構造が依然として中心なので、異次元の金融緩和政策が長年、収益環境を直撃していたのです。

それが、金融緩和政策の維持に頑なな日銀がついに事実上の金利引き上げに突然（2022年12月20日）踏み切ったのです。一転して金利収入に頼る地方銀行の株価は、金利上昇の第一歩とみて上昇に転じたのです。

しかし、異業種の参入、長引く新型コロナウイルスによる企業の財務状況悪化懸念による信用リスクの不安もあり、人気銘柄となるかは、景気回復による資金需要拡大と低金利環境の脱却と言う二律背反をどう成し遂げるかにあります。

今申し上げた、株価と同じように魅力ある業種、企業の見方は種々ありますが、直接、個々の企業を数字で現状や将来性を知ることは、一番わかりやすいことです。

数字で知るものとしては、財務状況をチェックすることが基本となります。それは、損益計算書（P／L）と、貸借対照表（B／S）、キャッシュフロー計算書（C／F）の財務三表と言われるものです。

その中で、業績をチェックするために見るのが損益計算書（P／L）です。損益計算書（P／L）は、一年間の企業の成績を見るもので「企業の通信簿」に該当するものです。

一方、企業の財務状況（健康状態）をまとめたものが貸借対照表（B／S）で「企業の健康診断書」に該当します。キャッシュフロー計算書（C／F）は、お金の出入り状況を見るもので「家計簿」に該当するものです。

企業も、人間と同じように勉強が良くできて（高収益）、健康であって（財務状況が良い）、お金の心配がない（資金繰りに不安がない）ことが理想となるわけですが、企業も人間と同じように生き物なので、すべて良いと言うわけには、なかなかいかないのです。優先順位をつければ、一番大事なのは「健康」です。

私は融資部（審査部）出身ではないので詳しいことはさておいて、支店長（銀行）として、企業への融資取引する場合は、儲かる融資であるとともに、回収が前提となりますので、長期取引を見据えて対応していました。収益状況も、財務状況も、資金繰り状況も、すべて問題ないかチェックしますが、最初に貸借対照表（B／S）に実態として問題ないことを前提（軸足をかけて）に融資判断をしていました。

通信簿にあたる「損益計算書」の収益で大事なのは、本業の儲け（収益）を示している営業利益です。経常利益、純利益ももちろん大事ですが、営業利益は、英語、数学、国語、理科、社会の五教科に該当し、通信簿の中心なのです。

収益は、過年度と比較して増加、将来も増加が見込めるか、利益率は業界平均との比較、薄利多売をしていないかなど競争力と成長性を見ることです。

貸借対照表（B／S）は、健康診断と言いましたが、大事なのは見せかけの内容になっていないかのチェックで実態を把握することです。問題となるのは、回収不安のある売掛金、棚卸資産での不良在庫、建物、機械設備の減価償却の実施、時価より大幅に高い簿価の土地などの有無です。これらが実態を反映していないと健康と判断したものが実は不健康であったというのはよくあることです。

キャッシュフロー計算書（C／F）は、お金のやり繰り状況を見るもので、倒産リスクなどを読み取ることができます。現預金の増減を示すため、操作を行うのが難しくなりますので、粉飾のチェックは意識しないでよいと思います。

経営者としては、以上のような基本的なことは、簡単なことですので是非理解しておいていただきたいと思います。

第二章　経営者の行動と意思決定の在り方

■指示は「ＯＫ」「ＮＯ」「ＷＡＩＴ」の三つに絞る

【要点】

・トップの指示は、簡単明瞭でわかりやすくなければならない。
・指示は、基本的に「ＯＫ」「ＮＯ」「ＷＡＩＴ」の三つに絞り、わかりやすくして早い回答を旨としなければならない。

【解説】

指示を出したものの、なかなかその通りにできない。あるいは、指示したことと違った対応をしたり、トップの意図したことと異なった行動、成果となったりすることは、よく起こり得るのです。

これらが起こると再度指示を出し直すこととなり時間の浪費、業務の停滞、ひいては収益への影響も少なからずあります。また取引先との信頼関係にも影響します。

トップとして、指示を的確に出すことは、組織を動かす上での大きな能力なのです。

もしかしたら、指示通りに動かなかったのは、トップが明確な指示を出さなかったことに原因があるかもしれません。これでは社員を責められません。

また、思うように動いてくれなかった場合、よく小さな組織では、トップが面倒な対応を嫌がり、自分で前面に出て、部下を無視して、直接対応することがあります。これでは、社員は育ちませんし、本当の生産性向上にはつながりません。

企業においては、指示を的確に出し、部下に仕事を任せ、部下を動かすことで社員を成長させなければなりません。そしてトップはトップとしての本来の経営の業務に専念しなくては、会社全体の生産性はいつになっても向上しません。

私にとって銀行の支店長時、特に指示の仕方が大事であったのは、融資案件の取り上げ時でした。既存取引先、あるいは新規取引先から借入の申込案件があったときです。

私が在籍した銀行の融資の決裁権限は、すべて支店長決裁か、本部決済でした。一円たりとも支店では、支店長以外の決裁権限はありませんでした。一般に預金、為替等では、決裁権限は、課長等の下位に権限が委譲されているものも多いのですが、融資の決裁権限は、支店長だけにあり、特に強いのです。

融資課、あるいは営業課から、金額の大きい案件、あるいは新規の案件については、稟議書を作成する前に、取り上げの可否を検討する検討メモを作成して協議することとなっていました。

案件によっては、資金の使途、業況、財務内容、保全等の面で前向きに対応するか迷うことがあります。この時に、徒《いたずら》に結論を長引かせたり、曖昧な指示を出すことは、結果的に融資をすることとなっても、取引先からは、「大変ありがたかった」と言ったプラス評価は得られません。さりとて検討不十分で取り上げ、実行後、返済が遅延したり、条件変更したり、さらには倒産して回収できないこととなっては、支店長の責任にもなります。

このことから、私の基本的な指示は、相談を受けたとき「OK」(認可)、「NO」(否決)、「WAIT」(保留)の三つにしていました。問題は、「WAIT」です。融資案件の時は、不明な点、問題点等課題の検討を指示し、三営業日以内に結論を出すこととしていました。取引先を待たせるのは、三日位が限界なのです。特に「WAIT」の場合で、事前に相手に伝え、回答期限を明確にしておくことが大事です。

かなり取り上げが厳しい案件の場合は、場合によっては、トップ自ら取引先に訪問や電話をして淡《あわ》い期待を抱かないよう申し上げ、問題点、不明な点等を教えていただくよう伝えることも、最終的に取り上げしない場合でも、納得を得られることにもなります。

また、推進企画などにおいては、これとは若干相違しますが、私が経験した銀行本部の部署での企画事項の対応について申し上げると、途中相談、途中報告を義務付けていました。

つまり、企画案件については、テストと同じで、期間内に、合格最低点六十点以上を取って、かつ仕上げることが使命なのです。この合格点六十点を取るためには、途中相談、途中報告は避けて通れないのです。

企画案件については、期限厳守を絶対条件として対応しないと、どんな出来の良い企画となっても不合格であると言っていました。

また、私は、期限経過しないよう、指示した企画業務については、基本的に三分の二の期間で粗々《あらあら》の企画を仕上げ、その時点で企画デザイン、内容等を検証し、方向性、取り上げ方に問題がないか協議するよう対応していました。企画業務についても、「OK」（了承）、「NO」（やり直し）、「WAIT」（保留・再検討）の三つの指示は原則、通用するのです。

■経営者は傍目八目《おかめはちもく》にならず収益機会を逃すな

【要点】

・関心のないものに目をつぶらず、どんな情報にも注意を払うことです。
・場合によっては、外部の言っていることの方が真理を言っていることが多い。

【解説】

私は、銀行の役員を終えて、その後、関連会社のトップとして保険代理店の会社を任されました。保険のことは素人でしたが、当時は、保険業法の改正も控え、会社としても諸問題を抱えていたこともあり、保険代理店を去るときには、内部体制、業績とも、それなりの会社にしたいと考えて赴任当初より、課題を鮮明にして取り組みました。

任された保険代理店の会社は、銀行の別働体であり、営業の中心＝契約先の中心は、銀行の取引先、及び銀行の行員、退職者であります。そんな中で最初の取り組みとして、契約先の状況分析をしていて気づいたことは、銀行及び行員との保険を通した結びつきが、業歴五十年もある会社としては予想外に低くい状況にあることが分かりました。本部の部長以上でも自動車保険、火災保険で銀行の代理店を利用していない人間は何人もいたのです。当初は、分析した実態に目を疑いましたが、間違いなく現実でした。自分の銀行グループへのロイヤルティはどこに行ってしまったのでしょうか。

また、銀行役員時は、低金利下で融資だけでは採算が厳しいことから関連会社との取引も含めた、グループでの収益を確保する視点に立って総合取引を進めるよう営業店に指導していましたので、法人（事業所）融資先についても、建物等の損害保険は、二桁以上の付保率（保険に加入している割合）があるものと思っていました。実際は、これより大分下回っていました。また、行員についても私自身も自動車保険など当然のこととして銀行の保険代理店にお願いして契約していましたので、他の行員も当然そうであろうと、何の疑いもなく思い込みをしていました。

銀行の役員でいたときに、私を含め誰一人、この異常な状況に気づかなかったことを立場が変わって、初めて見えてきたのです。何故こんな簡単なことに気づかなかったかを大いに反省もしました。

ことわざに「傍目八目（岡目八目）」と言うのがありますが、正にこのことわざの通りでした。「傍目八目（岡目八目）」とは、ご存知かと思いますが、他人がさしている囲碁を脇で見ている人、つまりは対局者本人よりも第三者のほうが八目先までの手を読むことができるという意味から、当事者よりも周囲の人のほうが、物事をより正確に把握でき、物事の真相をはっきり見分けることができるということです。これから転じて、立場が変わると見えないものがよく見えることの例えを言ったことです。まさにこの通りだったのです。私としては、少しでも改善を目指し、銀行にこの実態を報告し、協力をお願いするとともに、自らの営業活動を強化しました。

第一歩は、銀行の支店（支店長に対し）への協力要請訪問、また銀行の主要取引先への訪問に力を入れました。

次に訪問結果から、設備投資への融資時に、融資対象物件に保険を付保することに関心がなく、よそで付保している例が多く判明し、加えて保険（特に損害保険）に対しての知識も不十分であることが分かりました。

こんなことから銀行の支店長にお願いして、行員への基礎的な保険の知識と銀行融資先への当社を代理店とした火災保険等の契約のお願いも含め各支店で、新たにミニ研修会（研修時間三十分）の開催を始めました。あまり頻繁に研修会を開催しても、銀行の支店への迷惑もあり、一支店年一回（約百店舗）としました。

その後、銀行の業績表彰項目にも間接的に組み込んでいただき、ある程度の効果は上がりましたが、去るときには、目標としていた付保率には届きませんでしたが、契約先も増加して、収益も大きく改善して経常利益は、赴任時の二倍近くにすることができました。

上に立つと、とかく信頼できる内部からの情報を信用し、加えて聞こえの良い情報ばかりを鵜呑《うの》みにするものです。外部（関係会社）からの情報にはあまり関心を持たず見逃し、結果として周辺の収益機会を逃しているのです。経営者は、絶えず「広大を致して精微を尽くす」（中庸）ではないですが、広く見渡して、それでいて些細なことにも注意、関心を持ち、特に異常値については、十分注意を払って総合力の発揮に努めることが大事なのです。

■今も生きている忘れられたバブルの教訓　イトマン事件

【要点】

・どんな商売でも、浮利を追わず、理にかなった商売の積み重ねが大事

【解説】

私は、この事件に関する新聞記事〈一九九二年（平成四年）十二月〉の切り抜きを今でも自分の部屋の壁に貼り付けて戒めとしています。

平成四年は私が、初めて支店長になる一年前、以来、いつもこのイトマン最後の社長である芳村昌一《まさかず》氏の記事を見て戒めています。それくらい金融機関に身を置くものにとって、戦後最大の住友銀行と繊維商社イトマンを舞台にした強烈な経済事件だったのです。

私は、支店長になって以来、ビジネスの世界を卒業した今でも、この事件を思い出し、バブルの教訓として自らを戒めています。

事件は、一九九〇年（平成二年）に発覚しました。住友銀行をメインバンクとする

繊維商社イトマンをめぐり起きた戦後最大のバブル経済を象徴する経済事件です。

事件の概要を申し上げますと、業績の立て直しを図る中で、法外な価格での絵画取引、ゴルフ場投資を持ちかけられ、多額の資金が闇社会に消えました。

オイルショックで業績が低迷していた中堅商社であったイトマンに再建のために、住友銀行の磯田一郎会長の腹心である銀行常務の河村良彦氏が社長として派遣されたのです。

河村良彦氏は、住友銀行で高卒のノンキャリアで実績を買われて常務にまで上り詰めた異例中の異例の人物でした。

銀行時代の名を挙げた実績は、不良債権の処理とか、平和相互銀行の吸収での汚れ役としての実績が高く評価されたものでした。

イトマンは繊維の専門商社であったため、総合商社をめざすとしながら、不動産にも手をだし、結果多額の借金が膨らむこととなりました。（借入一兆二〇〇〇億円）

この不動産取引の過程で、暴力団と接点があったとされる伊藤寿永光氏が常務に収まり、さらに在日韓国人の許永中氏と組んで、泥沼化し経済事件に発展したのです。

河村社長、伊藤寿永光氏、許永中氏が逮捕され、有罪判決が下ったのです。

この後を継いだ、生え抜きで最後の社長・吉村昌一《まさかず》氏が新聞記事〈一九九二年（平成四年）十二月〉で語っていたイトマン事件で得た教訓、すなわちバブルの教訓は、「浮利を追わず、理に適《かな》った商売の積み重ねが経営には最も大事だ」と言うことだったのです。つまり、道に外れた商売はダメだと言うことです。

一方で、六〇〇〇億円以上のお金が闇に消えたと言われているこの経済事件の原点は、「浮利を追わず、理に適った商売」を標榜する住友銀行が何故こんなことになったのかです。この事件を通じて住友銀行の表向きの「浮利を追わず」と言いながら、実際には浮利を追った経営体質に大いに疑問を持ったものです。

【参考】

住友家　家訓

一、主務の権限を越え、専断の所為《ため》あるべからず。

二、職務により自己の利を図るべからず。

三、一時の機に投じ、目前の利に走り、危険の行為あるべからず。

四、職務上過誤、失策、怠慢、疎漏《そろう》なきを要す。

五、職務上に係り許可を受けずして、他より金銭物品を受領し又は私借《ししゃく》すべからず。

六、名誉を害し、信用を傷つくるの挙動あるべからず。
七、私事に関する金銭の取引その他証書類には各店、各部の銘柄をもちうべからず。
八、廉恥を重んじ、貪汚《どんお》の所為あるべからず。
九、自他共同して他人の毀誉褒貶《きよほうへん》に関して私議すべからず。
十、機密の事を漏洩すべからず。
十一、わが営業は信用を重んじ、確実を旨とし、もって一家の強固隆盛を期す。
十二、わが営業は時勢の変遷・理財の得失をはかり、弛張興廃《ちかんこうはい》することあるべしといえども、いやしくも浮利に走り軽進すべからず。
十三、予州別子銅山の鉱業は我が一家累代の財本にしてその業の深長は実に我が一家の隆衰に関す。よろしく旧来の事跡に徹して将来の便宜をはかり、ますます盛大ならしむべきものとす。

住友政友（一五八五年〜一六五二年）が残した住友の事業精神、商人の心得
文殊院旨意書《もんじゅいんしゅいがき》

第一条　何にても常の相場よりやすきものを持ち来り候とも、根本を知らぬ物に候ら

ば、少しも買い申すまじく候。

（相場より安いものが持ち込まれても、出所がわからないものは一切買ってはならない）

第二条　何たる者にも、一夜の宿もかし申すまじ。また編笠にても預かるまじく候。

（何人たろうと、一夜といえども他人を泊めてはならない。また編笠であろうと預かってはならない）

第三条　人の口合せらるまじく候。

（他人の保証人になってはならない）

第四条　掛け商いせらるまじく候。

（掛け売りをしてはならない）

第五条　人いかようのこと申し候とも、気短く、言葉あらく、申すまじく候。いかよう重ねても、つぶさに申すべく候。

（相手にどんなことを言われても、商人たる者は短気を起こし、乱暴な言葉を用いてはならない。何度繰り返すことになろうと、事細かく説明をするべきである）

■目標と競争を抜きにして会社の生存はあり得ない

【要点】

・競争は、企業を成長させ発展させる原動力である。
・目標は競争意欲を高め、企業や社員が目指す方向性でもある。
・競争意識を根付かせるには、公平な目標設定が大事である。

【解説】

公正取引委員会の「私たちの暮らしと独占禁止法の関わり」のパンフレットの中の「私たちが安く良い商品を買えるワケ」に競争の意義が書かれています。

「市場における競争を消費者の立場から見て…企業が競争することによって、商品の低価格化、サービスの充実、機能の改良などが行われ、消費者は、さまざまな商品の中から欲しい商品を自由に選択することができます。また、この競争は、企業を成長させ、さらには日本経済の活性化・成長にもつながるのです」と競争の意義を書かれているのです。

企業の競争は、消費者にとっても、社会にとっても有用なことで、誰も競争を否定できないことなのです。

また、企業間においても、生産効率を高めて競争相手より、より安価で、より品質の良い商品を供給したり、消費者のニーズに沿った商品を開発し提供したりする努力によって消費者や社会に貢献しているのです。

また企業内においても個々の社員が営業や生産など担当しているそれぞれの分野でお互い競った活動の成果の差に応じて給料、ボーナスなどの報酬に差がでることで努力を怠らないのです。この努力のもととなるものは競争なのです。努力の有無にかかわらず、また成果の差にかかわらず報酬に変わりがないのであれば誰も努力しようとはしないのです。

一方で競争においては、公正さが前提となります。国は、企業の違反行為については、独占禁止法を制定して、違反行為を取り締まっているのです。

企業も同じように、ルールを定めて公正のもとでの社員同士の切磋琢磨を奨励しているのです。このように競争は、企業にとっても、社員にとっても、その原動力なのです。

しかし、単に社員同士を競争させることだけでは、商品の低価格化、サービスの充実、機能の改良などの実現はできません。それには、企業という組織をうまく活かして社員同士の協力を前提とした競争で初めて実現するのです。この組織をうまく動かすためには、競争と協力の二律背反することを微妙にバランス良くコントロールする経営者や管理者が必要となるのです。

企業にとっても社会にとっても競争は意義あるものですが、ただやみくもに競争するのではなく、それには、企業にとって目指すものがなければなりません。目指すものが目的であり、目標なのです。会社として部門として、社員として、方向を示し、この方向に向かって仕事に取り組むことが重要な要素の一つです。方向とし欠かせないのが目標設定なのです。目標は、必ずしも数値のように表されているものとは限りません。

目標を定めることによって、競争意欲（モチベーション）も高まり成果に大きく影響するのです。

競争意識を根付かせるためには、公平な目標設定ができるかどうかなのです。会社の中の仕事は、成果として数値として見えるものもあれば、数値として見えないものもあります。

数値のような見えやすい成果だけの評価にならず、会社にとっての仕事の重要度も加味した上で仕事の貢献度を評価してあげることです。目標設定、成果の評価は、経営者、管理者の仕事なのです。経営者、管理者の目標設定、成果への評価の信頼度は、普段どこまで現場組織、社員の行動を理解しているかで左右されるのです。

公正な競争と納得性ある目標設定、成果の評価を抜きにして会社の生存はあり得ないのです。

■リスクに向き合わない経営は企業の発展を阻害する

【要点】
・企業経営の第一歩は、経営者がすべてのリスクにきちんと向き合い、リスクを把握して経営のかじ取りをすること。
・十分な収益と成長を望むならリスクを恐れず、絶えずリスクと向き合って対処しなければならない。

【解説】

「虎穴《こけつ》に入《い》らずんば虎子《こじ》を得《え》ず」ということわざがありますが、意味するところは、「危険を冒《おか》さなければ、大きな成果は得られない」と言うことです。これは中国由来の言葉で、戦場での兵士の士気を高めるために指揮官が放った言葉と言われています。

これを企業活動に置き換えると、リスクを恐れず、リスクをコントロールしながら、リスクと背中合わせに営業しなければ十分な収益は挙げられないと言うことです。あるいは、業容拡大により、さらに一段と存在感を高めるためには、想定されるリスクを分析して課題を克服しなくてはならず、そのために大胆な決断や勇気ある行動を経営者自ら先頭に立って対処する必要があるのです。

しかし、今の日本の多くの企業に見られるのは、「堅実経営」そのものです。堅実経営と言えば聞こえはいいですが、裏を返せば低収益に満足して、リスクを取らず、構造改革をせずに安全運転に軸足を置いているからです。

何故そうなっているのか、なったのか、一言で言えばバブルの不良債権処理に手古《て こ》摺《ず》り、時間がかかったことが後遺症となり、これがトラウマとしてリスクから逃げる体質が経営者＝企業経営に長い間に染みついてしまったと思っています。

国も多くの企業倒産、不良債権処理の先延ばしなどを踏まえて、バブル後に、さまざまな面から金融機関を含め企業に対して、監査の見直し、派遣制度の見直し等規制の緩和や制度の見直し、撤廃を後押ししてきました。その結果、企業は、コストダウン重視となり、社員の多くを非正規社員で固め、人材育成による生産性向上を目指すよりも人件費抑制を優先しました。また設備投資も新たな投資は抑え、設備の更新が主流となり、内部留保を厚くすることに意を向け、高収益と業容拡大による成長を目指した本来のあるべき経営姿勢に背を向けてきたのです。

結果、この後遺症として縮小均衡＝デフレが長引き、経済成長が止まり、停滞しました。政府、日銀が対策として採った本来一時的な政策であるべき低金利などの金融緩和政策は、出口を失いズルズルと長期化しました。

そのため副作用として低金利環境に慣れた企業、経営者の借入へのコスト意識が低下し、リスクを取らない企業運営が常態化したと思っています。

中小企業に対する担保取得、経営者の保証や第三者保証についても債務者側に立った見直しなど、企業経営者の倒産リスクに対するストレスが遠のき、金融機関の融資取引に対する債務者へのリーダーシップも低下して、取引関係もバブル以前に比べては緊張感が格段に薄くなっているように思われます。このこと自体は決して悪いことではないのですが、結果として、企業経営者のリスク管理が先ほど述べた安易な対応へと向かうこととなったと思います。

企業を経営する上で経営者が、低収益でも良しとする意識を捨て自社の技術を使い、優秀な人材を活用してきちんとリスクに向き合って高収益と業容拡大を目指した経営のかじ取りをしていれば、諸外国に比べて、今日の企業地位の相対的低下を招くことはなかったのではないかと思います。

このことは、国の経済規模を見るＧＤＰ（国内総生産）ドルベースで日本の位置づけを見ると明確です。２０００年と２０２０年の二十年間の比較では、日本は、一・

〇倍とほとんど成長せず変わらないが、米国は二・一倍、中国は十四・二倍、世界四位のドイツは二・〇倍と上位では成長が止まっているのは日本だけなのです。私は、この大きな要因をリスクにきちんと向き合わず、低収益の現状維持に満足してチャレンジ精神に欠けた経営も大きな要因の一つではないかと思っています。

■「しがらみ」には目をつぶらずに断ち切る勇気を

【要点】

・「しがらみ」の中で企業活動を強いられていることが意外と多い。
・「しがらみ」を断ち切るにはトップが前面に出て実行するしかない。

【解説】

「しがらみ」を漢字で書くと「柵《さく》」と言う字になります。「水の流れを塞《せ》き止めるため、川の中に、杭《くい》を一定の間隔で打ち並べ、それに木の枝や竹などを横たえる装置」を意味し、これから転じて、引き留め、まとわりつくもの。じゃまをするもの。束縛するものという意味になります。

私たちの社会生活においても、企業活動においても、思いのほか、この「しがらみ」の中で社会生活をしていたり、「しがらみ」の中で企業活動を強いられていることが多いことが分かります。よく「しがらみ」のない生活、「しがらみ」のない企業活動、「しがらみ」のない政治などと言われていますが、持ちつ持たれつの日本の社会風土の中で、実際には言うは易く、行うは難しなのが現実なのです。このことから「しがらみ」は、良い面よりも、どちらかと言うと、正常な活動を邪魔する負の側面が多いのです。

企業にあっては、「しがらみ」が存在することで十分な企業活動ができず、施策の推進を邪魔し、営業活動を阻害して、時に目標収益の確保も危ぶまれることとなるのです。そのためどんな組織でも「しがらみのない○○を」をうたい文句に「しがらみ」の排除を盛んに叫んでいるのです。

私は、在籍した銀行で、支店長時代、この「しがらみ」で結構苦労しました。特に取引が長く、大口取引先の経営者との付き合いでは、先方の意向に沿った対応をせざるを得ず、必要以上にお付き合いの機会が多くなると、他の活動にも少なからず影響して苦労したことを覚えています。

また、関係会社に行った時も人物的に問題がある法人との損害保険契約において、私が赴任する前から、営業担当者が毎回、契約時の更改内容をめぐって手を焼き、挙句の果てには担当者の交替もにおわせることがあり、最終的に私の決断で契約解消をしました。取引解消を決断するまでに、大口保険料の遺失、銀行本体との取引への影響、長い保険取引先など踏まえると、悩み苦労しましたが、結果的には営業担当のスムースな活動ができ、その結果、新規契約先の増加で保険料収入も増加し収益をカバーすることができてよかったですが、「しがらみ」に苦労したことを今でも鮮明に覚えています。

今申し上げたように、かつての成功体験、大口取引先、大口収益先など一見表面的に企業に貢献していても、日常の活動などプロセスの面での「しがらみ」で阻害要因が多ければ、長期的展望に立って、目先の取引解消とか収益の遺失に恋々として、「しがらみ」に縛られず、目をつぶらず断ち切ることも時には大事なことなのです。この「しがらみ」を断ち切ることは、トップが前面に出て、摩擦を覚悟で実行するしかありません。

その他、私はシステム畑は素人でしたが、銀行の基幹システムを独自システムから数行によるシステム共同化へ移行することになった時、行内でパソコン等コンピューターに多少明るいとの評価で事務部長（システム兼務）を拝命し、移行の統括責任者となり大いに戸惑ったことがありました。

移行前に準備期間として数年間ありましたが、この時ほど「しがらみ」に苦労したことはありませんでした。システム移行を実際に担うのは、現在いるシステム担当者ですし、基幹システムを外部委託しているコンピューター会社の社員です。特に、私がいた銀行のシステムは、ほとんどシステムダウンしたことがなく他行に誇れる自慢のシステムでした。しかし、システムの良し悪しは関係なく将来を見据えて経営の判断で、システム費用、システム要員の確保など、共同化に移行を決断したのです。

銀行側の担当者である行員は、何十年も同じ場所で苦労して作り上げたシステムという思いがあり、移行によって解消されることを思うと複雑な思い中での移行作業となりました。過去の自慢のシステムへの思いの「しがらみ」を断ち切ることと、移行作業を計画通り進めることの狭間で大変苦労し、無事に移行を成功させたことと、自前システムを捨てさせた思いが未練として、この歳になっても頭の片隅に残っているのです。

■事業運営は、先憂後楽の心構え

【要点】

・会社を背負った経営者は、先憂後楽の資質を備えることが大事である。
・先憂後楽の考え方は、リスク管理、またリスク回避の考え方にもつながり、会社を守ることにもなる。

【解説】

「先憂後楽」とは、人の上に立つ者が人より先に心配し、楽しむのは人より遅れて楽しむということを意味し、率先して苦労を背負い、他の者が楽しんだり休んだ後で自分が楽しみ、休むと言うことです。

この言葉は、北宋の政治家・范仲淹《はんちゅうえん》（九八九年〜一〇五二年）の「天下の憂えに先んじて憂え、天下の楽しみに後《おく》れて楽しむ」によるものです。先に苦労したり心配事をなくしたりしておけば、後で楽ができるという意味でよく用いられています。

政治に携わる人間は、人々よりも先に国のことを心配し、人々が楽しんだ後で自身も楽しむべきだという意味で、政治家ばかりでなく上に立つ者に対する資質や心構えを説いたものでもあります。

ある意味では、上に立つ者の一番大切な資質は、「先憂」かもしれません。会社の誰もが気づいていない不安な事、問題を心配し、先んじて対応していくことが会社では非常に大事なのです。

私が二十代後半の頃、全国の第一地銀の行員を各行から一名～二名程度集めて行われた東京での研修で、講師から教えていただいた中で今でも鮮明に頭の中に残っているのは、「事前の一策は、事後の百策に優る」と言う言葉です。まさにこの「先憂」に通じる言葉です。「先憂後楽」の考え方は、一方で経営者にとっての事業運営上のリスク管理、またリスク回避の考え方にもつながるのです。

日常生活においても、しなければならない事、難しい事、嫌な事、心配事などは先延ばしにせず、先ず取り掛かり、終わった後、時期を見て休んだり、ゆっくりする心構えで対処することが大事なのです。ある意味ではルーチン化すべきなのです。

この「先憂後楽」という言葉は、経営の神様と言われた松下幸之助も好んで使った言葉として知られています。経営者は会社を背負って社員、取引先、お客様に責任を負っていることから、「社員とともに楽しんだり、休んだりということはやってはいけない。もしそのような態度を経営者が取っているなら、その人は経営者として相応《ふさわ》しくない」と断言しています。

また、東京都文京区にある江戸時代の水戸徳川家の藩邸跡の庭園である小石川後楽園の「後楽園」という名も、水戸黄門こと水戸光圀がこの語源から命名したのです。この藩邸は光圀が藩主時代に過ごした場所でもあります。

水戸光圀がこの言葉を好んでいたと言うことは、江戸時代の武士階級の間でもこの言葉に深く傾倒し、座右の銘としていたことが想像できます。

この「先憂後楽」と反対の言葉として、イソップ童話の有名な「アリとキリギリス」の話があります。

夏の間、キリギリスはバイオリンを弾き、歌を歌って過ごしている時に、アリは冬のために食料を一生懸命家に運んで働き続けます。これを見てキリギリスはアリを馬鹿にする話から始まります。

しかし冬が近づき食料が減ってくるとキリギリスは食べ物に困り、最後にアリに助けを求めるという話です。この時、キリギリスは、食べ物を分けてもらえないのではと思っていましたが、アリから食べ物をいただき、アリの求めに応じてバイオリンを弾きました。

キリギリスは涙を流して喜び、お礼にバイオリンを弾き聞かせました。翌年の夏からは、真面目に働くようになったと言う話です。

これは「先楽後憂」で、先に遊び楽しみ、後で苦労することのないようにとの戒めの物語なのです。

もしも経営者がイソップ童話の「アリとキリギリス」のようであったなら、会社は大変なこととなります。まさに「先憂後楽」の心構えで経営にあたらねばならないのです。

「先憂後楽」の心得をもとにして会社経営にあたることが企業経営者の本来あるべき姿ではないでしょうか。こうした考えを上に立つ人間が忘れてしまえば、会社の行く末が案じられ本当に心配な状態になってしまいます。

■レゾンデートルを明確に持つこと

【要点】

・企業の存続には、自社の拠って立つ存在価値や存在理由を明確に持つこと。
・明確に持つことは、利害関係者からの信頼を得、報いることになる。

【解説】

レゾンデートルとは、フランス語で「存在価値や存在理由のこと」という意味だそうです。私は、この言葉をある講演会で最初に耳にしました。企業でもこの「存在価値や存在理由」がなければ事業継続ができないことを意味しているのです。

経営者は、自社の「レゾンデートル」（存在価値や存在理由）を自らに問い続けるとともに、絶えず社内に広く理解させ、認識して事業に取り組むことが大事なのです。

それは、同時に顧客、社会から「満足」を得ることにも通じるもので、企業が存続し、成長し続けることに繋がっているのです。これは一般に「企業の社会的責任」と言われることにも通じ、社会的責任を果たすことに繋がっているのです。

ですから、企業の目的は、社会的責任を果たすために、利益を挙げることだけではありませんが、一方で存続、発展のためには、応分の利益（適正利益）を得なければなりません。利益を挙げられない企業は存続・発展することはできないからです。

会社にとってレゾンデートルは、社員、株主、顧客といった利害関係者（ステークホルダー）からの信頼を得て受け入れられ、かつ報いることにならなければならないのです。

存在価値や存在理由の明確な企業は、概して業績も好調で、どんな時でも売上高が伸びているのが比較的多いのです。レゾンデートルのある企業の判断としては、第一に利益の源泉である売上高の増加です。売上高が増加しているということは、顧客の支持が得られている一つの証でもあります。

売上高が安定的に増加していることがその目安です。売上高が安定し、増加していなければ、今後の利益の安定した増加も当然に期待できません。基本的には、売上高の増加なくして、利益の増加もないのです。

第二は、競争力を持った商品、サービスで適正な利益を挙げているかどうかです。本当に健全に企業が発展するためには、単に売上高が安定的に増加しているだけではダメです。もう一つの判断基準は、競争力に打ち勝つ利潤を挙げているかどうかです。

利益を挙げていなければ、社員への給料、株主への「配当金」、経営者への「役員報酬」を支払うことができません。これらは企業が収益を挙げていなければできないことです。それも安定的に増加していなければなりません。

特に、利益率が高い企業は、その企業の商品、サービスが、競合他社にない品質、利便性等の面で優位性を保っているからに外ならないのです。値引きしなくても売れると言うことは、顧客のニーズが高いからです。売上高の増加、利益率の高さの拠《よ》って立つ存在価値や存在理由を全社的に明確にし、日々の企業活動に活かすことが大事です。

その他、企業として、そのレゾンデートルを高め、維持するためには、売上、利益を安定的に増加する以外に、自社の商品、サービスの安全性や品質に対しても、会社は責任を持たなければならないのです。この責任が果たされることで社会の中で存続し、安定的に発展することができるのです。

さらに、現代は、企業は環境にも配慮した積極的な活動が求められる時代にも置かれています。加えて、昨今の企業不祥事の頻発を見るに、企業倫理の重要性も益々高まっています。特に不祥事を起こした企業は誠実に、利害関係者はもとより、社会への納得ある説明責任を果たさなければなりません。果たすことが出来なければ、自社のレゾンデートルを喪失することに直面し、自社の存続を危うくすることとなり、経営者の責任は重くのしかかることとなるのです。

第三章　社員を大事に、顧客を大事に　経営する心と社会貢献

■過度な能力主義は、嫉妬と打算を生む

【要点】

・同期、あるいは部下が自分より早く出世したり、仕事の面で能力が上回ると、大なり小なり嫉妬するものである。
・行動は、正しいか否かではなく、少なからず打算で判断するものである。
・嫉妬と打算は、いつも隣りあわせなのです。

【解説】

嫉妬と損得で動く打算的なことは、いずれ自分に跳ね返ってきて、悪いこととは分かっているのです。全社員が、悪いことで、よくないことと知っていながらなぜ起こるのでしょうか。

ある意味では自然に起こるもので、これを認めたうえで、どう抑制し対処するかがトップの力量なのです。最近特に、この傾向か強くなっているような気がします。

では、何故、いけないことと知りつつ、そんな気持ちと行動が起こるのでしょうか。

理由は簡単です。

社員同士、時間の経過とともに一定の仕事の能力差、実績差が起こりますが、他者に不満が起こったりした場合に、自分を客観視できず、外部に要因を求めたがるからです。

また、能力など劣後することを認識しても、ペーパー試験の成績とは違い、決定的にその差が認識、理解できない場合、特に自尊心の強い人は、認めがたく、この傾向があると思います。

つまり嫉妬は、相手との目に見えない違いによることの劣等感、あるいは弱さから打算が起こるのです。私の経験からみて、決定的な差がある場合は、起こらないと言えます。

この感情を持たない社員は、会社の中で特に能力が高いか、優越的地位あるわずかの社員で、この社員には、劣後意識がないことから、こんな感情は起こりません。比率から見れば、多くて二割程度です。

社員を能力面から区分すると、一般的には、優秀な人、普通の人、やや劣る人に分けられますが、その割合は、おおよそ二、六、二になるのです。特に普通の人の六割で起こりやすく、この社員において潜在的に何らかの嫉妬、打算があるとみていいからです。

しかし、この感情は表面に出ることもありますが、それは稀《まれ》であり、基本的には表面化せず、内在化しているのです。これはどこの社員にもあると言えるかと思います。

特に、能力主義の強い傾向のある会社では一層強くあると思います。

企業にとって、多くの社員の見えない嫉妬と打算を排除することは、企業成長の永遠の課題なのです。

これを排除、解消、改善するには、個々の企業での対応もあります。それは、職場環境の改善、人事異動、給与、福利厚生等の処遇面の見直し、組織の見直し等で不断に取り組まなければなりません。

もう一つは、賛否両論があると思いますが、もっと大きな根底にある要因は、最近の企業の位置づけであると思います。それは個人主義に強く裏打ちされた能力主義、実力主義だと思います。

かつての日本的経営の強さを取り上げた書物として、アベグレンの『日本の経営』があります。彼は、この書で指摘した通り日本企業の強さとして、共同体として終身雇用を前提とした人事管理と言っています。

なぜ日本の企業は、この傾向が強くなったのでしょうか。一つは、欧米企業、とりわけアメリカ企業の実力（能力）主義の強さの誤解、二つ目は、少子化による人口構成のピラミッド化の崩壊から、放棄したものと思います。

英米型の会社の概念は、社員は資産としての生産手段であり、その他の生産手段を組み合わせて最大価値を生むことが企業価値を高めることととらえています。ですから企業価値を高めて、売買されることも当たり前なのです。日本でも最近は、この傾向が強く、抵抗感も薄れM＆Aが日常的に起こっているのです。

これまで、少なくともバブル崩壊前まで企業は、長期存続を目的に平等主義を根底にもっていました。その裏付けが、英米と違い役員は、一般的に社員からの就任、また役員と社員の所得格差が比較的小さいと言うこともその一つです。

かつての高度成長期の国際競争力を支えたのは長期存続を目的とした、終身雇用下の社員なのです。今盛んに言われているのはＳＤＧｓなのです。つまり平等主義を踏まえ能力評価などによる社内格差拡大を抑制した、持続可能な共同体としての企業存続だと思います。個人主義一辺倒から集団主義の中の個人主義なのです。今一度、長期低迷した日本の企業、社会に活気を取り戻し、成長軌道に乗せるためにも、この面から考え直すのも一つの意義あることと思っています。

■パートさん、運転手さんの意見を軽くみない

【要点】

・パートさん、運転手さんの多くは、偏《かたよ》らない正しい情報の持ち主です。
・パートさん、運転手さんの意見は軽く見ないで、耳を傾けることが大事です。

【解説】

将来の出世にあまり関係ないパートさんや運転手さんを通じて得た会社、社員への評判、評価は的を射ている場合が多いのです。

パートさんや運転手さんには、社員、顧客が心許して裏表《うらおもて》なく社内、顧客等のマイナスの話もする場合が多いのです。また、パートさんや運転手さんは、異動も稀で長く同一部署、部門にいることが比較的多く、古くからの情報にも精通するとともに、偏らない情報を持ち、ある意味、情報の宝庫でもあるのです。経営者は、彼ら、彼女らの情報を軽く見ることなく、また無視することは危険であり、一目置くことが必要です。

逆に経営者自らに対して、パートさんや運転手さんを通じて社内外の寄せられた評判が芳しくないようでは、大いに反省して我が身を正さなければなりません。

但し、長く一緒にいると経営者をはじめ役員等の幹部社員は、パートさんや運転手さんに気軽に話しかける場合も多くなり、結果、特に役員担当の運転手さんなどは、頻繁に接することから、親しみを覚えてしまうことも少なくありません。

運転手さんについては、特に、車の中は、密室で運転手さんと二人だけとなり、お互いに親しみを覚えると同時に、目的地に着くまで時間があると、つい世間話など話が弾むことは自然なのです。ときには、経営者から運転手に秘密に近い話をうっかりしてもらすこともあるのです。特に信頼を寄せている運転手さんには、悩みなどの問題を抱えているとつい話したくなるものなのです。

場合によっては車内で会社方針、融資の話などが行われたり、極めて重要な事項をやり取りすることもあります。これらの経営に関わる内容については、車内では、内容は自然に運転手さんの耳に入り、聞きたくなくても聞こえてしまうのです。これが否応なしに情報として運転手さんにインプットされるのです。

役員運転手さんの心得として、知り得た情報は黙っておくと言う「守秘義務」の原則があり、守らなければならないのは当たり前で、運転手さんも基本的には、わきまえていますので口は堅いのですが、時間とともに、直接話さないにしても、それとなく漏れるのも事実なのです。

　経営者としても、どんなに信頼できる運転手さんでも、社内での会話の漏洩はありうることを認識して、あまり深入りせず、特に重要なことは、電話の場合は一旦切り、別の場所から改めてすることが必要だと思います。

　一方、パートさんは、職場にもよりますが、大半は女性が多く、私が銀行と関連会社で経験した限りでは、家庭を持ち社会経験もあり、学歴も高く、能力の高い人が意外と多いように感じます。従って、勤務年数も長くなると業務の処理能力も高く、個々人の才能を見抜く能力も長《た》けているように思います。中には女性社員を仕切っているパートさんもいます。陰のお局《つぼね》さんになっては困りますが、それは経営者の対応次第だと思います。

　特に女性は、社内の部署を超えて横断的に女性同士のつながりを持っており、社内情報については、管理者が知り得ない、運転手さんとは別の面の情報を持っていると言えると思います。

　私は、最低年二回は、パートさんも含め全社員と面接をしていましたが、異動の少ない勤続年数の長いパートさんは、社内のことは、良く押さえていると言うのが印象です。女性ですから男性より多少好き嫌いはあるかと思いますが、冒頭申し上げた通り、将来の出世などあまり関係がないので、積極的には話しませんが、意見交換の中では、信頼関係ができていて、こちらから問いかければ参考にすべき前向きな情報をいただいて助かったことがありました。

パートさんや運転手さんにも先入観を持たず、会社の大事な人材として信頼関係構築に努め、一般社員と同じようにして接することが大事です。

■企業環境改善への取組みは経営者の責任

【要点】
・経営者の品質管理がなおざりにされた現場軽視と不祥事多発に対する環境改善。
・利益至上主義によるプロセス管理軽視と社員の挑戦意欲の低下。
・経営者を含む役員相互牽制機能の不足と人材登用。

【解説】
一、収益至上主義と現場のモラルの低下
（一）不祥事の多発
ア．発生した企業名
東芝の粉飾決算、商工中金（不正融資　一〇〇店中の九七店で不正、ほぼ全店）
神戸製鋼所（製品のデータ改ざん）、日産自動車（無資格検査）、スバル（無資格検査）
三菱マテリアルの子会社（データ改ざん）、東レ（データ改ざん）
日立ビルシステムズ（基準外の製品）、三菱電機（製品の検査不正）

各社に共通する問題は、長期にわたり伏せられてきたことです。

イ．判明経路

判明した経緯は、大半が内部告発であり、問題を長期間放置されており、企業自らの自浄能力の欠如が問題点となっている。これは企業組織にブレーキ機能がないという共通点であります。

ウ．原因

細かい点を云うと各社それぞれの個別の原因があると思いますが、大きな問題は、経営と現場の分断、断絶にあります。

それは、経営者が現場に足を運ばないことなのです。最近の経営者は、株主重視で、利益と現場の効率化に目を奪われ、厳しい数字の目標を課しながら、企業にとって一番大事な品質管理がなおざりにされ、成果が挙がれば、それでよしの風潮の企業文化があるのです。この陰に潜む企業にとって致命的な潜在リスクを経営者が見失っているのです。まさに企業統治＝ガバナンスの問題であり、見直しを迫られているのです。

（二）現場軽視は経営の問題…現場の空洞化

収益至上の考えが優先し、社員の生きがいが喪失し、ビジネスの楽しさ、商売の楽しさ、もの作りの楽しさが失われているような気がします。

商売の原点は、現場にあるのです。現場のダイナミズムの回復が企業活性化の鍵であります。現場には、商売に通ずる本物の知恵やヒントが豊富にあるのです。血の通った経営がなく、残念なことです。

この遠因は、バブルの影響だと思います。バブル期を経て日本の経営は、生き残るために良くも悪くも大きく変わったのです。今の経営者は、バブルの強烈な影響を受けた人たちです。

その大きなものが利益至上主義と現場軽視なのです。なかなか見直されず、今でも引きずっているのです。

二、挑戦意欲の低下

もう一つは、挑戦意欲の低下です。いつ頃からかと言えば、バブル崩壊、その後の二〇〇八年（平成二十年）のリーマンショックで顕著になったと言えます。

原因は、結果重視の経営、すなわち利益を重視する株主重視の経営となったことです。結果、短期能力主義がもてはやされ短期利益の追求が主流となったのです。

具体的には、一年間にいくら利益を挙げるかが、主目的となり、結果、人材は、コストと捉え、プロセス軽視となり、バブルの問題点を忘れ、社員の挑戦意欲の低下をもたらしたのです。

プロセス管理とは、過程を大事にした経営で、結果が良くても、プロセスに問題があれば評価しないと言うことです。

プロセス管理においては、基準に不適合な製品に「問題がなければよい」との考えは通用しません。まさにプロセス管理を軽視したため、信用を失ったのです。決められたプロセスに基づいて、如何に利益を挙げるか。これには相互牽制機能が必要です。そのために基準を決め、絶えずチェックできる体制と倫理観が求められるのです。

このことは、企業防衛にも繋がり、顧客の信用確保、組織の安定運用にも通ずることなのです。

プロセス管理の基準の前提となるのが、①顧客志向と②品質の維持の二点です。

三、その他の問題

（一）仕事の成果へのご褒美としての昇進の問題、出来る社員が、必ずしも出来る役員、トップとは限らない

（二）上に行けばいくほど、抜擢の基準は、能力よりも好き嫌いなどの相性が大きな基準となるのも事実です。極端に言えば、それなりの能力があれば、最後は自分にとって安心できる人材を抜擢する傾向になります。

結果、トップになかなかものが言えない雰囲気ができ、役員の相互牽制が不十分となるのです。牽制機能の発揮と言う面からも社外取締役、あるいは社外監査役の役割は非常に大事となるのです。

（三）企業が「本当の改革」がなかなか出来ないのは、経営者の資質と行動に問題があった場合に、苦言を呈する人が、ほんの一握りに止まることが問題なのです。

■立派な後継者を育てて去ることは経営者の最後の仕事

【要点】

・企業を背負う後継者の育成は経営者のゴールの仕事。
・後継者育成は、簡単にできるものではなく、五年、十年かかる。
・万全を期して早くから着手することが大事。

【解説】

「よく聞け、金を残して死ぬ者は下だ。仕事を残して死ぬ者は中だ。人を残して死ぬ者は上だ。よく覚えておけ」これは、逓信大臣、内務大臣、外務大臣、東京市長を務めた後藤新平の言葉です。この言葉は、彼が亡くなる三日前に残した人生の集大成の言葉と言われています。

彼が常々言っていたことは、「一に人 二に人 三に人」と人材育成の重要性を言い続けていたのです。

やはり社会を、政治を背負っていくのは人なのです。ですからどんな分野でも優秀な人材を育てていくことに尽きるのです。

企業も同じで一にも、二にも人材で決まるのです。人は大事な経営資源なのです。つまりその企業の隆盛は、優れた人材をいかに多く有し、そして育てるかで決まるのです。この育てることが、とくに大事なのです。企業経営の根本は、まさに「人づくり」なのです。企業のトップに就いたなら、後継者育成は、経営者にとって避けて通れない最後の大仕事でゴールでもあるのです。トップに就けば、会社の行く末をどうすればいいか、何を残したらいいか、何を仕上げたらいいか、いろいろとやるべきことを自ら考えるでしょうし、当然、考えなければなりません。すべきことは、事業の発展と人材の育成なのです。しかし人材は直ぐには育ちません。ですから、人材育成は、トップに就いて、すぐに考えなければならない最重要課題の一つなのです。

後藤新平の言葉にあるように、最後の仕事として後継者育成が最重要課題の一つであることを認識して人材の育成に努め、立派な後継者に後を託さねばならないのです。

後継者育成のポイントは、いくつかありますが、大別すると、絶対条件と必要条件に分けられるかと思います。さらに各条件にいくつかの項目があります。

【絶対条件】

一つ目は、馬が合い企業運営の考え方を共有できるユーモアのある温厚な人物です。
二つ目は、酒、女性、賭け事、家庭などで過去に問題のないクセのない人物です。

【必要条件】

三つ目は、会社内で相応の実績を挙げ、誰もが認める評価の高い人物です。
四つ目は、知識、技能の面での評価の高い人物です。
五つ目は、人前で話すことなど言葉で伝える能力が相応にある人物です。

後継者育成は、短期間に簡単にできるものではありません。最低でも五年はかかるでしょう。じっくり育てるには、十年はかかると思います。
ではどうやって育成するかですが、それには、何といっても経験をたくさん積ませることが大切です。早くから、これはという人物を複数名目をつけ、その間にできるだけ多くの部門を経験させることです。当然、過去に経験のない部門も経験させることです。人は未経験の業務に対しては、適切な決断はできません。未経験の部門を短期間でも経験させることで自信がつき、隠れた意外な能力を引き出したり、発見することもできるのです。

これまでの経験した実績に未経験部門の実績も加わるとともに、新たに知識、技能の面も加わります。また様々な社員と交流することにより言葉で伝えるコミュニケーション能力も向上します。

トップに就いたときに自ら積極的に関わることができ、社員全員が楽しく仕事ができ、また社員の能力が素直に発揮できる環境作りに主体的に関与できるようになります。そして事業発展にとっての盤石な体制が構築できるのです。

■経営者の使命は事業拡大、これを実現するのは実行力のみ

【要点】

・経営者は使命として自らの事業を拡大進展することにあり。
・事業を拡大進展するための方法は、唯一計画し、実行し成し遂げるのみ。

【解説】

【経営者の使命は事業拡大】

経営者にとって最大の使命は、自らの事業を伸ばし拡大することであります。事業を伸ばすためには、目標を示し、期限を定めて、経営者のリーダーシップのもと実行力を高めて期限内に目標を達成することにあります。

【本部による納得ある目標の設定】

目標を示すための目標設定にあたっては、こうありたいと言う事業拡大の姿を数字で示さなければなりません。また、目標は納得ある目標でなければなりません。強制

的な過大な目標は絶対避けなければなりません。一方、納得性ある目標は、やさしい目標というわけでもありません。

私は銀行時代の目標設定にあたっては実力（可能な数値）＋努力の数値としました。このうち努力の数値は、十五～二十パーセントアップ位にストレッチしたものにしていました。経験則によるものですが、納得を得られる目標値は二十パーセント程度が限度なのです。努力の数値をゲタと言っていました。このゲタが高すぎると現場の不満が充満し納得ある目標となりません。最終的には、個々の営業店との意見交換による特殊性等踏まえた納得ある設定が、目標を達成する鍵となります。

【現場への目標に対するアカウンタビリティ（説明責任）】

目標を理解し納得ある目標とするためには、経営者による目標の裏付けとなる背景、考え方など固める前に説明し社内の理解を得なければなりません。

背景の説明とは、経営理念との整合性も取らなければなりません。その他、目標設定までの事業環境など考慮した度合い、項目、過程等を説明し全社的な理解を得ることが必要となります。

【現場の実行力を高める責任感の醸成】

実行力を高めるには、アカウンタビリティとともにプロセス段階でのマネジメントが大事です。マネジメントのポイントとして松下幸之助の「任せて任さず」という有名な言葉があります。目標数値を与え現場の統括者に任せっ放しでなく、任せたものに対して常に関心を持ってフォローしていくと言う意味で、経営としてあるいは本部として為しうるものは何か課題を明確にして常に会話することが必要であり、大事なのです。

実行力の大きな要素は、現場の責任感の差です。自分の支店の目標に責任を持ち、途中で投げ出さず、目の前にある課題を乗り越え、目標を達成することができるかです。

【現場の実行力を高める行動の明確化】

実行力を高める上でもう一つ大事なことは、行動の明確化と習慣化であります。行動を見ていれば、目標達成への手ごたえが分かるものです。

目標を達成するためには、行動も計画化しなければなりません。行動計画と目標との一体化です。

とくに毎日、毎週の行動の計画化が大事です。この行動の計画を数値化、習慣化して初めて目標達成を確かなものとすることができます。計画の内容を見たり、行動実績を見れば、目標に向かったものか否か、マンネリ化していない等の問題点が浮き彫りとなります。

■経営理念の定着化は難しい

【要点】

・経営理念の意義、重要性は社員全員が理解しているが、根付くのは難しい。
・強制して根付かせるものではない。トップ自ら行動で示し続けるしかない。
・お客様は神様です。お客様を鏡にして、評価をフィードバックすることです。

【解説】

経営理念について松下幸之助は、『実践経営哲学』の中で、経営理念は事業経営の基本であると言っています。つまり「事業経営においては、たとえば技術力も大事、販売力も大事、資金力も大事、また人も大事といったように大切なものは個々にはいろいろあるが、いちばん根本になるのは、正しい経営理念である」と定義づけているのです。そして正しい経営理念を確立したことによって会社は飛躍的に発展したと言っているのです。

経営理念は、企業経営の根本＝憲法なのです。企業活動の前提であり、経営上の判断のベース、社員の行動基準や価値判断なのです。

自分の会社の存在している意味、経営の目的、やり方などについて、基本の考え方を示したのが経営理念＝哲学なのです。

しかし、これほど大事な経営理念ですが、本当に根付いている企業はいったいどのくらいでしょうか。私が銀行時代にみた企業では、感覚ですが本当に理念を前提に企業運営をしている企業は、意外と少なく根付いていないと思います。五割にも満たないと思います。特に社員に限ると企業理念に基づいて行動したり、価値判断しているとはとても思えないからです。

どこの家庭の子供も親の言いつけ通りにしないもので、良くも悪くも親のさまざまな動きをまねて育つものなのです。会社も同じで、実態は社員の行動、価値判断も企業理念よりも、職場の社風＝上司（先輩）の動きで育つものなのです。

一つの例ですが、「お客様第一主義」の経営理念のある企業でしたが、ある日、近くに来たついでにアポなしで訪問した時です。普段はほぼ社員全員が立って「いらっしゃいませ」と元気な挨拶するのですが、この時は社長不在であったこともあり挨拶した社員は半分以下でした。この例などは極端ですが、経営理念は、社員全員が知ってはいるが、簡単な挨拶一つとっても、企業理念が仕事の中で生かされていないのです。

挨拶ができないのは、社員が悪いのではないのです。社員の中に「経営理念」＝「自分の行動基準」が一体化していないのです。社員全員に浸透させ根付かせる方法は、トップが繰り返し発言したり、自ら行動で示したり、いろいろあると思いますが、私の経験から言いますと、意外と効果があるのは、「お客様第一主義」の主人公のお客様からの声なのです。つまりお客様の評価なのです。

お客様の声などの箱を設けたり、はがきでの投稿もありますが、経験から言いますと、これなどあまり効果はないのです。極端な例しかないからです。普段の評価が大事なのです。

私は、親交があり気心の知れている取引先の社長さん何人かにお願いして、企業理念に限らず行員の対応を含め手続き、接客サービス面等の対応について意見を時々お伺いしていました。良いことも悪いことも含めて忌憚《きたん》のない意見を聞いていました。客商売は、ある面、人気商売でもあります。取引先の相性もあり好き嫌いもありますので、全て鵜呑みにはできませんが、身内では気付かない客観的な評価が得られるのです。

評価のフィードバックは、折に触れて朝礼等で話して浸透に努めていました。良い話は個人名を含めて披露し、悪いことについては、叱るのではなく、名指しせず簡単に問題点と改善に向けたポイントを話すことです。

経営理念は朝礼で唱和したりして叩き込むものでもないと思います。根付かせるためにはお客様を鏡として社員にフィードバックすることなのです。ある意味では、お客様は神様なのです。神様の言うことはだれでも素直に身につくものなのです。

■商売は理屈に負けて商いに勝つ

【要点】

・顧客というものは無理難題を言うものであるが、変に深入りしないこと。
・筋論で言い争わず。理屈で言い負かしても何の得にならない。
・負けたふりをして商いを成立することが基本です。

【解説】

「商人《あきんど》と屏風は直《す》ぐには立たぬ」ということわざをご存知だと思いますが、この意味は、屏風は、まっすぐには立たせることはできないので、折り曲げて立たせると言うように、商売も同じで、筋論を通しても成り立たないので、変に言い争わず、理屈を曲げて、客の機嫌を損ねないようにしなければ商売はできないと言うことです。

このように、理屈通りにうまくいかないのが商売＝事業の常なのです。言い換えれば「商売は理屈に負けて商いに勝つ」姿勢が大事なのです。

銀行での企業担当をしていた頃、また支店長になった頃に、赴任間際に相手の素性も分からず無理難題を言う取引先に手を焼いたことを覚えています。

しかし、よくよく調べてみると、一概には言えませんが、こういったお客様は、傾向としては、儲かっている企業、業歴のある企業、創業者企業などで、銀行にとっては意外と収益に貢献している取引先なのです。要はこのような企業の経営者は経営についての「自信」と「面子《めんつ》」＝プライドがあり、自らを誇示するために支店長に一目置かせるため無理難題を言ってくる場合が多いように感じています。

このような時に、自分が正しいと感じていて、相手を理屈で説得しようとしても、感情的なシコリが残り、気まずい思いが残るだけなのです。

相手の話の内容が間違っていると思ったとしても、先ずはお客様の言い分をそのまま受け入れることです。お客様は、面子があり自信家なので自分が正しいと思っているのです。受け入れるということが一番大事なのです。

さらに大事なのは、相手に敬意を払っている態度で優しく相手のいい分を聞いてあげる姿勢が大事なのです。面従腹背の態度で受け答えしていたのでは、自然にお客様に伝わり心証を害するばかりです。

こういったお客様は、「面子《めんつ》」を特に大事にしているので、「面子を重んじ、面子を立てること」を最優先に早期に信頼関係を築けば、以後はうまくいくことが多いのです。

「人は見かけによらず」で良い人が多いのですから、意外と根っから問題経営者でもなく、問題企業でもないのです。

ただ、性格もありますので気心が知れてきても無理難題を言ってくる場合が時にはありますが、明らかに筋が通らないことだと分かっていても言い争わないようにし、変な議論は絶対避けるべきなのです。しかし、信頼関係ができていると認識している場合は、論語の「君子は和して同ぜず、小人は同じて和せず」ではありませんが、いつまでも迎合せず自らの考え方も話題の中で織り込んで話しておくことが本当の信頼関係構築のためには大事です。

このような経営者は業界事情にも精通し、人的ネットワークもあり、学ぶことも多く、後々、ウマが合い異動しても目をかけくれて長い付き合いになることも結構あるのです。

一方、これと似ているケースで、お願いした書類を失念するとか、約束の時間ちょくちょく遅れる、急に融資の申し込みをしてくるようなルーズで気まぐれのお客様も結構いるものです。この場合は、別問題ですから最初から、やんわりとクギを刺しておくことです。

■企業の社会的責任を果たすことは、企業の基本的使命である

【要点】

・社会的責任とは、自社の事業を通じて社会、お客様の幸せに貢献すること。
・さらに自社の事業が社会に受け入れられ調和し、適正利潤を確保すること。

【解説】

私は、長年勤めた銀行退職後に、住まいの近くの支店長に頼まれ、付き合いで投資信託をした経験があります。最近では、毎月定期的に一定額を購入する積立投資信託を求めに応じて契約しましたが、驚いたのは、その手数料の高さです。当然、契約時には、申込時の手数料は受け取ったパンフレットに記載されてありましたが、特に気にすることもなくそのままにしていました。

ところが契約後、定期的に送られてくる投資信託の運用状況の通知を見て、改めて手数料の高さに驚いたのです。毎月購入時に二・一六％手数料を支払っているのです。ということは、仮に三％の運用利回りであっても、手数料を差し引いた実質利回りは

〇・八四％となるわけです。

在籍した銀行の二〇二一年三月決算を決算短信で見ましたら収益の中心である貸出金全体の平均利回りは、〇・八九％でした。委託会社に手数料の一部を支払うにしても、私が支払っている手数料の利率と比較すると貸出金利回りの実に二・四倍なのです。詳細は分かりませんが、決算短信の数字から推定するに保険と合わせた販売手数料収入は経常利益の多くの部分を占めているものと推定されます。もはやこの手数料なしに銀行経営は成り立たなくなっていることが分かります。

問題はここからなのです。記憶にある方もいるかと思いますが、二〇一八年七月に金融庁がショッキングな数字を公表したことです。それは銀行二十九行（メガ、地銀）の投資信託購入者の半分近く（四六％）が二〇一八年三月末で評価上運用損失を抱えていることが判明したのです。ただし手数料を含めたネットでの算出ではないので、これを含めると、半分近くでなく、もっと多くなるのではないかと考えられます（但し、運用損失のある購入者は、保有期間が三年以下）。このことがどれだけ影響したかはわかりませんが、以後、金融庁は、顧客本位の営業に立って取り組むよう金融機関に改めて、その姿勢の見直しを求めたのです。

今お話ししたことと、企業の基本的使命である社会的責任ということに照らして考えてみると、改めて考えさせられることがあるのです。

ところで「企業の社会的責任（CSR）」とは何かと言いますと、当初は「利益だけを目的とするのではなく、納税や雇用などを通じて社会的責任を果たせばよい」と言った風潮がありましたが、二〇〇〇年以降になると食品偽装や不正取引などの問題が次々と発覚し、その責任は、多岐にわたってきたのです。視点を変えれば、松下幸之助が言っているように社会的責任を果たすとは「自分本位でなく顧客本位の事業に立って、社会、取引先、顧客の幸せに貢献すること」、そしてそこから適正利潤を得ることなのです。

このことを今お話しした銀行の投資信託販売で考えてみますと、一つは販売スタンスとして「顧客の幸せに貢献」（顧客の利益に貢献）しているかどうかと言うことです。低金利環境下での自らの収益確保策を優先した姿勢になっていないかと言うことです。

決算短信、ディスクロージャー誌等で金融機関は、金融庁がかつて公表したような購入者の投資信託の運用成績を開示して、投資信託販売が「顧客の幸せに貢献」していることを積極的に示す必要があると思います。残念ながら私の見る限りでは金融庁が公表したように投資信託の運用損益状況の掲載はどこにも見当たりません。

もう一つは、手数料が適正かと言うことです。聞くところによりますと、そもそも日本株の平均的な利回りは、国の運用ですら年平均二・八％と言うことです。株価がある程度、上昇しなければ、販売手数料の確保を優先する金融機関がそれを前提に設定していれば顧客が損失を受ける可能性は大きいのです。顧客の利益を後回しにした対応があれば再考すべきことになるのです。

何故、個人の金融資産は低金利下でも、預金ばかりが伸びて、株だとか投資信託などの証券（投資）ではなかなか伸びないのか、無理に投資信託を販売しようとすれば、それは顧客本位に反することになります。

「顧客の利益を重視せよ」という、金融庁の理念と、「顧客本位の事業に立って社会、取引先、顧客の幸せに貢献する」企業の基本的使命である社会的責任を果たすことを肝に銘じる必要があるのです。一つの金融機関だけでは、今申し上げたことの改善は無理です。金融庁が先頭に立って、金融機関全体として、その姿勢を浸透させ、顧客ニーズを現場がくみ取り、真に顧客の利益につながる商品、サービスを提供し金融機関の営業現場が顧客本位の姿勢になることに取り組むことなのです。

■人事に情が絡むとロクなことはない

【要点】

・情実人事がまかり通り、おかしな人事が起こると会社までおかしくなる。
・企業の凋落の多くの原因は、不祥事と情実人事に、その端を発している。

【解説】

「情実」とは、辞書によると「個人的な感情や関係にとらわれ、公平で正しい処置がとれない事柄。また、その状態」と書かれています。これが人事において情実が絡むと、まさに辞書の通り個人的な感情や関係にとらわれて、公平で正しい誰もが納得する人事ができないということです。

ではトップの個人的な好き嫌いの感情で人事が行われたら、会社はどうなるのでしょうか。説明するまでもなく会社の行く末はおかしくなるのです。本人にとっても決してためになることはないのです。特に、パワハラなど繰り返すコンプラ上問題のある人物の温情人事は絶対行ってはならないのです。

例えば、どんなに仕事が出来ても、いい人に見えても、酒が入ると人が変わるような人物、女性とのうわさが絶えないような人は、役員には厳禁なのです。ましてや、役員の人事に情を絡めた人事を断行すると、これが遠因となり企業衰退の始まりとなるのです。また、情実人事に加え、経営の主導権をめぐる人事抗争でもあれば、なおさら会社がおかしくなるのは目に見えています。

社内衆目の一致するような有能な人物の昇任を遅らせたり、重要ポストを外したり、関係会社に左遷したりして人事を歪めることは避けなければならないのです。ましてやトップの明らかな好き嫌いの情実が入り、社内の期待を裏切る人事が行われると組織としての活力を一層失うこととなるのです。

会社がおかしくなると企業内の人心が乱れ、雰囲気が悪くなり、優秀な社員が退職、企業の抱えている諸問題が覆《おお》い隠されたり、成長戦略も描けなくなるものです。しかし、残念なことに、情実人事に近いようなことは、現実には多かれ少なかれ大企業でもあると聞いています。

人事の基本は、公平、公正に適任者を選ぶことにあります。情実による強引な人事は、今まで社内に燻《くすぶ》っていた感情の火種を一気に燃え上がらせることもあるのです。

岩瀬達哉氏は著書『ドキュメント　パナソニック人事抗争史』でパナソニックの人

事を通した組織の衰退を語っていますが、その遠因を創業者の松下幸之助退任後の三代目以降の社長人事など役員のトップ人事を取り上げて、温情人事と人事抗争に明け暮れたことに起因するとして取り上げていますが、過言ではないと思います。

中でも筆者自身が情実人事の印象深いものとして取り上げている、子会社のナショナルリース事件についての記載ですが、某役員を退任させることになったが、退任の理由が、「仕事はできるが酒を飲むと人が変わってしまい、大切なお客さんに対しても、しばしば礼を失することがある」とのことで退任させることとしたのです。退任させるにあたって、前任トップから、退任後は「あらゆる役職にはつけてはダメ」との申し送りがありながら、その後の処遇について、トップの側近でいろいろ議論したものの、結局、年齢も五十代であったことから情を絡めたトップの意向人事でナショナルリースの社長に就くこととなったのです。

これが引き金となり、後に、あの有名な詐欺事件の舞台となったのです。事件は、大阪ミナミの料亭「恵川《えがわ》」の経営者の尾上縫《ぬい》への積極的融資をしたが、担保も不十分で結局、多額の焦げ付きとなったのです。この多額の焦げ付きで、松下電器の屋台骨を揺るがすまでの大騒動に発展し、マスコミから批判を浴びることとなったのです。

この「たった一度の〝温情人事〟で生み出した子会社の不祥事件は、親会社の社長を執拗に追い詰めていく」結果となり、本社の担当役員の解任、経理担当役員のヒラ取への降格、社長の報酬カットなど前代未聞のことに発展したのです。

このように、人事に情が絡むとロクなことはないことを肝に銘じて、とくに周囲の評価、意見を無視した強引な人事は、絶対に避け、人事の基本である公平、公正に適任者を選ぶことに徹して対処しなければならないのです。

■将来性ある人間を目指すには素直な心の持ち主たれ

【要点】

・経営の成功の要素は、物事にとらわれない素直な心にある。
・素直な心になれば、物事の実相＝ありのままが見えてくる。
・素直な心になれば、自分の考えもしっかり持って行動できる人になる。

【解説】

将来性のある人間の共通要素は、「人の話を素直に聞く」ことですと言われたのは、日本プロサッカーリーグチェアマンの村井満氏である。その他の要素としては、傾聴力、主張力、忍耐力、自己啓発を挙げていました。

また、スポーツでは「心技体」が大事であると言うが、日本のサッカーに欠けているのは、「言われた通りから、自分で考える癖がまだ足りない」と言ってヨーロッパのサッカー選手との違いを講演で話されていました。スポーツでも「素直」ということが一流選手の前提条件と言うことが分かりました。

これと同じように、経営の成功の要素は、「素直さ」（物事にとらわれない心）であると言ったのは、経営の神様と言われた松下幸之助なのです。

一流の経営をするには、一流の考え方と一流のスキルと一流の実践力が必要になるということです。そして素直な心の大切さを人々に訴え、みずからも素直な心になる努力を続けていました。それは生涯の目標であったといっても過言ではないのです。

素直というと、おとなしく、何でも人の言うことをよく聞いて、よかれあしかれ、言われたとおりに動くことだと解釈される場合もあります。

しかし、幸之助の言う「素直な心」は、もっと力強く積極的なもので、利害や感情、知識や先人観など、あらゆるものにとらわれず、物事をありのままに見る心でありまず。したがって素直な心になれば、物事の実相が見えてくるのです。なすべきこと、なさざるべきこともわかってくるのです。そこから、なすべきことをなし、なすべきでないことをなさない勇気も湧いてくるのです。さらには、寛容の心、慈悲の心も生まれて、人も物も一切を生かすような生き方がとれるようになるのです。また、どんな情勢の変化にも柔軟に対応ができ、日に新たな活動を生み出せるのです。だから、「『素直な心はあなたを強く正しく聡明にする』と言うのである」（『松下幸之助の見方・考え方』より）

企業は事業活動を通じて利益を得なければなりませんが、それには業績に貢献し自社に利益をもたらしてくれるような優秀な人間が必要となります。つまり、企業にとって必要なのは優秀な人間＝素直な心を持った人間なのであります。

イエスマンと素直な人は同じではありません。何でもかんでも「イエス」と言うのがイエスマンですが、素直な人は、相手を尊重しながらも自分の考えをしっかり持って行動できる人なのです。

素直になれば、物事の吸収力が早くなり、自分の考えは横に置いておいて、言われたことをまずやってみようとするのです。素直に言われたことを先ずやるので、無駄なことがなくなります。

とかく人間は、ミスするとそれを隠したり、嘘をついたり、なかったことにしたり、誰かのせいにするのですが、素直になればしなくなるのです。

人は自分の思い通りにいかないと愚痴や文句がでますが、素直になれば仕事に正面から向き合い、上司に提案して、やり方を変えれば自然に愚痴も文句も減り、出なくなるのです。

そして、常に自分を見据えて、結果に対して反省し、次に生かすことが出来るような謙虚な人になるのです。

第四章　顧客サービスを通じた組織の改善と成長

■礼儀は最高のサービスである

【要点】

・礼儀に優るサービスはない。いくら知識が優れていても礼儀に欠けると顧客、取引を失う。

・多くの顧客離れの主因は、社員の態度（非礼）、マナー欠如である。

【解説】

人間は、感情の動物であるとよく言われます。どんなに知識、能力のある人間でも不遜な態度で、相手の評価は一変し、すべてを帳消しにされることもあり不快感を持つものです。

だいぶ前のことですが、あるアメリカのスーパーマーケットの顧客離れの要因を分析したことが雑誌に載っていましたが、顧客離れした件数の約七割近くは、社員の態度に起因しているとのことでした。この数字を見てなるほどと私は納得しました。

これからも分かるように、礼儀は、企業運営において最も遵守すべき事項なのです。

礼儀はマナーと違ってマニュアルなど形式的なもので簡単に実現できるものでもないのです。企業文化そのものであり、トップ自らあらゆる企業活動の中で手本となるよう行動で示さなければなりません。

よく「礼儀をわきまえろ」、「マナーは守れ」と言われますが、このことからわかる通り、礼儀は身に付けた心的なものを伴っていますが、マナーはあくまでも、振る舞いとしての表面的、形式的なことだと思います。そういった意味でマナーは「行儀」にもやや似ていると思います。「マナーがいい」と「行儀がいい」は、ある意味多少の違いはありますがかなり似ていると思います。

そういった意味で本当に相手を敬う自然な気持ちをもって接しない限り、丁寧な言葉、姿勢などをもってしても礼儀として伝わらないのです。形だけのうわべの挨拶等の応対は、すぐに相手に気づかれ、逆に慇懃無礼《いんぎんぶれい》にとられるのです。まさに論語の「巧言令色鮮《すく》なし仁」なのです。

私は、支店長の時の朝礼時に、また銀行の関連会社の社長時代の朝礼時に、「礼儀に優るサービスはない」の重要性を話したものです。そして、顧客から行員への応対でのお褒めの手紙、取引での親切な対応への礼状などいただいたときに、朝礼などの機会をとらえて併せて披露したものです。礼儀の根底にある、温かい親切な心のこもった礼儀ある対応の具体的事例は、百の説教より効果があるのです。

顧客の心をとらえる気持ちのいい社員の挨拶等の礼儀は、会社そのものの評価を最も高めることの一つなのです。気持ちの良い挨拶等の応対は、お金もかからず、最も安価で、企業価値を高める最高のサービスなのです。

しかし、なかなか定着しないのもこの礼儀なのです。特に相手の顔の見えない電話、メールでの応対の良し悪しは、誤解を生まないように気を使って対処する必要があります。「礼儀は最高のサービス」と言いましたが、営業は、当然のことながら礼儀だけでは結果には結びつきません。さらに知識、技能など営業能力を発揮して目に見える成果に結びつくのです。礼儀は、営業の入り口であり、出口であるのです。

ですから、礼儀を欠けた対応は、門前払いとなり営業そのものにたどり着かないのです。またせっかく営業が成立しても、最後に礼儀を欠いた対応では、営業成果が解消する危険があるのです。

一方、礼儀の範囲はといいますと、人によって異なり、場合によっては、非常に広いものであると思います。また、「礼儀」、「マナー」、「行儀」の境界線も明確にできるものではなく、多少重なり合うところもあるのは事実です。

私の考え方としては、前提として、常識を踏まえ相手を敬う対応と位置付けています。

■仕事は段取り八分で決まる

【要点】

・仕事は段取り八分というが、しっかりした計画に裏付けられた段取りに基づく行動が仕事の成果を決める。
・段取りの差は、成果の差にもなり、効率の差、残業の差でもある。

【解説】

仕事の事前準備の大事さのことわざとして「段取り八分、仕事二分」というのがありますが、この意味は、事前に段取りをきちんとしておけば、仕事の八割は達成したのも同じということです。

しっかりした計画に基づく行動が仕事の成果を決定づけるとともに、効率化、残業の恒常化の削減にも大いに役立つものであります。

特に、月次、週次の計画の出来具合が、成果、効率化、残業削減に影響するものと思っています。きちんとした計画に基づいた行動は、例外はなく、トップにも当然あてはまるものとして取り組み、自らの行動計画を立てなければなりません。

私は、銀行の役員時、関連会社の社長時も月次計画、週次、日次の計画を立てて対応し、大きな成果に結びついたことを認識しています。

特に関連会社にあっては、週次の計画作成においては、毎週金曜日は、翌週の途中でほぼ修正が不要なくらいに十分検討し立てるとともに、金曜日の昼頃までに各部長に自ら翌週の計画表を配布して、トップの行動を社内に知らしめていました。極端なことを云えば、午前九時～午後五時までの行動については、社内での信頼関係構築の一つと考え日中の全て行動について計画に記載し、トップの行動への不信感の払しょくに努めました。

こうすることによって外部からトップ宛てに電話等あった場合でも、特定の管理者だけでなく、すべての社員がトップの所在について把握した上で対応できるようにしていました。さらに銀行の各支店を訪問する場合も、支店トップである支店長との面会が大事でありますので、必ず事前に支店長との調整を経て作成していました。また支店訪問も偏《かたよ》りがでないよう自らACCESSのVBAで作成した行動管理システムで管理し、定期的に一定サイクルの訪問を実施していました。

一方、営業の各担当者の日々の活動予定表（営業日誌）もシステム化し営業担当にも前日作成を徹底していました。徹底状況のチェックもシステムに組み込み、活動予定表の最終作成確定時間がシステムで自動的にスタンプされますので、翌日に予定表回付時に予定表確定時間が予定表に自動的に印刷されますので、印刷された確定時間を赤ペン等でマーカーして検証の形跡を残すだけで自然と徹底されるのです。口煩《くちうるさ》い管理よりも静かな管理が効果あるのです。

もちろん実際に業務に取り掛かってみると突発的な事項が発生し、想定外のことは多々ありますが、計画なしに行動したのと、計画して行動したのでは、格段に業務効率が上がるだけでなく、成果も目に見えて改善します。

計画なしの行動に比べると、四割くらい無駄な行動が削減されるものと思っています。私は、この削減された時間を、重要事項の分析、社内の諸課題の検討、次の営業政策等の戦略策定時間に充てることができました。関連会社時代は、午後四時で業務はすべて完了するよう計画し、ほぼ毎日、この時間で終わっていました。定時が午後五時半までの一時間半は、社員からの報告・連絡・相談、予定外の業務などの整理に充て、何もなければ午後五時に退社していました。一見、楽なように見えますが、きちんと計画を立てて業務に当たれば、九掛けで処理できるのです。また、トップは、何もなければ、多少早めに退社（いなくなる）するのが社員の息抜きにもなり、会社全体の早帰りにもつながるのです。

結果、関連会社での業績は、五年間で経常利益は引き継いだ時点の一・七倍、残業は六分の一、有給休暇の取得率は、五十数パーセントであったものが、八十パーセントを超えました。

結局、段取りがきちんと出来ると、段取りの中で何をするかでなく、する必要のないものが見え、四割くらい無駄が見えてくるのです。ですから段取りの差は、成果の差にもなり、効率の差、残業の差にもなるのです。

■お客様へのお茶出しも立派な顧客サービスへつながる業務

【要点】

・お茶出しは、お客様から見たサービスとしての評価を考えたら女性社員がよい。
・何の業務でも、その行為が会社に貢献をしているのであれば立派な仕事。

【解説】

「お茶くみも立派な仕事」と言うと、「女性差別」だとか「時代錯誤」だとか言われて、ヤンヤ、ヤンヤのお叱りを受けると思います。でも私は、「お茶出し」は、今でも立派な「業務」と思っています。お茶くみの対象が社員へのお茶くみも含めてであれば、それは必要ないし「女性差別」であり「時代錯誤」で大反対です。

私が必要と考えているのは、その対象がお客様への「お茶出し」です。お茶出し一つにしても、簡単なことではないのです。湯呑茶碗に入れるお茶の分量、美味しい温度、特にお客さんに応じた苦みなど、どれ一つ取っても、本当にお客様の心をとらえるお茶を入れられたら一人前の仕事ができたと思っています。普段していないから普段馬鹿にしているお茶出しでも意外とできないものです。

何の業務でも、その行為が直接的でも、間接的でも会社に何らかの貢献をしているのであれば立派な仕事なのです。それが女性でも、男性でも構わないのです。しかしお茶出しを男性がしたらどうでしょうか。たまにはいいですが、お客から見て顧客サービスとしての評価を考えたら、やはり女性の方がお客様に喜ばれるのではないでしょうか。これは女性差別とは違うと思います。商売として勝ち、営業として成り立つのは、女性によるお茶出しなのです。

私は、銀行の関連会社にトップとして赴任した初日に、お客さんが表敬訪問をいただいたときに、応接室に女性社員が、笑顔でお茶を入れてくれました。ここまではいいのですが、お茶が少しぬるく、茶たくにもお茶が零《こぼ》れ、湯呑茶碗を持ち上げると、一緒に付いてきました。また量も多く茶碗の九分位ありました。そのうえ、お茶そのものがあまり美味しくなかったのです。

お茶を入れた本人は、心を込めて悪気でしたのではないのですが、結果として、たかがお茶一杯であまり良い印象を与えなかったと思います。私が気になったので、お客さんも同じ印象だと思います。

お客さんが帰ってから、このことを専務に伝え、お茶入れについて見直しをお願いしました。先ず、お茶の値段です。社員と同じ百グラム六百円でしたので、社員はそのままで我慢してもらい、お客様用は百グラム千五百円に代えてもらいました。グレードを上げても年間数万円です。顧客サービスの一つと考えたら安いものです。

そして、改めて家でお父さん、お母さんを、お客さんに見立てて、お茶を入れて、喜んでもらう入れ方を教えてもらってくるようにお願いしました。

結果、その後、会社を訪れてくる多くのお客様からお褒めの言葉をいただき、あその会社のお茶は美味しくて、入れ方も良いと大変良い印象を持ってもらうようになりました。お褒めをいただいたときは、朝礼等で、お褒めをいただいた社員の名前も披露して感謝を伝えました。

簡単なことのようでも、意外と奥は深いのです。普段、ペットボトルのお茶で済ましている多くの社員にとっては、お茶の入れ方一つをとっても簡単なことではないのです。

会社全体として、すべての仕事に軽重はないことを再認識してもらい、個々の仕事の真の大事さをトップ自ら話して理解してもらうことが重要なのです。

要は、お茶入れは、パートさんの仕事とか、新入社員の仕事とか決めつけないで、大事な業務の一つとして、対応できる社員皆でしたらいいと思います。誰が入れるか見合ってもしょうがないので、私は、一応、主担当は、総務課として、その時の対応で可能な社員でするようにお願いしました。

■事なかれ主義と企業の不祥事

【要点】

・穏便に済ませようとするのは日本の企業体質の特徴の一つです。
・長期間放置された不祥事の多くが事なかれ主義に裏付けられている。
・事なかれ主義は、成果主義とも微妙に結びついている。

【解説】

事なかれ主義とは起こった出来事に対して、波風が立たないように穏便に済ませようとすることを優先することで、どちらかと言えば負のイメージがあります。そして、個人の問題より日本の企業体質の特徴の一つと考えています。

これは、見方を変えれば、一見、争い事を避ける穏便な対応に見えますが、問題から目を背ける無責任な行為なのです。また、無責任主義が組織全体に蔓延《はびこ》ると、問題がなかなか顕在化せず、行くところまでいかないと露呈《ろてい》しない特徴があります。

そのため、問題があると分かっているのに、組織として見て見ぬふりをして解決を先延ばしにすることにつながるのです。

以前より最近の方が企業不祥事が頻繁に起こっているように感じますが、特徴的なのは、大企業で業歴もある一見、組織がしっかりしていると思われている企業で起きていることとです。そして、多くの不祥事が短期的なものではなく、組織的に深く潜行して、長期に繰り返し起こっているにもかかわらず、世間に問題として出てこなかったと言うことです。これは、まさに「事なかれ主義」が根底にあるものと思っています。「事なかれ主義」体質によって引き起こされる問題の多くの特徴には、組織（現場）の責任者、管理者も問題を認識していながら、見て見ぬ振りをしている組織的なことです。自らの責任者としての責務を放棄して、面倒なこと、やっかいなことに巻き込まれたくないという気持ちが強く働き、責任者としては、絶えず気にしながら結局、放置することを選ぶのです。

ニュースとして報じられている不祥事は、世間に発覚するまでに問題点の指摘は社員から何度となく繰り返されていると思いますが、結果として指摘への対応に動かないと言うのが実態なのです。そしてある程度の期間が経過すると、逆に組織として、隠蔽する方向に向かい、発覚までに長期化すると言うわけです。

この企業に蔓延する「事なかれ主義」の要因は、そこで働く社員の資質にも問題ありますが、多くは職場環境、企業体質にあるものと思っています。特にバブル崩壊後の「成果主義」にも深く結びついているようにも思われます。チームワーク評価が薄れ、個人の成果評価に軸足を掛けた評価が主流となり、自分に関係ないことには、関わりたくないと言う「事なかれ主義」が一層、拍車をかけていることも事実であると思います。

もともと「事なかれ主義」に対する厳しい意見を持っていた人が、長い年月の間に職場環境、企業体質に知らず知らずのうちに毒され「波風が立たないようになるべく穏便に済まそう」とすることを優先する思考回路に、この「成果主義」と結びついて代わってしまったのだと思います。

多くの事故調査委員会の報告書を見ても背景には、職場環境、企業体質の文字が書かれています。と言うことは、まさに経営の問題＝経営者の問題なのです。

経営者は、職場環境、企業体質の改善に向けて、具体的に一つ一つ丁寧に改善策を示せるかに成否がかかっているのです。それは問題点を指摘した社員の声に必要以上の心理負担を掛けない仕組みづくりです。

問題について指摘した社員を遠ざけたり、孤立化させないことです。ましてや人事評価で不当な扱いをしないことです。つまり会社を思う前向きな社員に冷や飯を食わせず、前向きに評価することです。

通常は、問題を指摘した社員を問題社員として、異動させたりして遠ざけますが、逆に指摘した社員を残し、責任者、見て見ぬふりをした社員を異動させることです。

私は、銀行の支店長時に「お叱りメモ」を作成して、どんな事務事故、ミスなど、起きた当日の午後四時までに支店長に報告した場合は、故意でなければ、事の大小にかかわらず免責することとしていました。急ぎの場合は、口頭でお願いし、その後、制定した文書を提出してもらいました。

負の事項の報告に対して抵抗感をなくしたため、次第に起きたミス、事故などのほぼすべてが、当日報告されるようになりました。

大事なことは、報告に対して、強い口調で叱責するようなことは絶対せず、報告して割を食わせないことです。これをすると、二度と報告することをためらい「事なかれ主義」に直ぐに戻ります。

とくにお客様へのミス、お客様から応対など注意されたことなど報告された事項については、報告された時点で、自らお客様に電話等で失礼をお詫びすると、逆にトップまで話が伝わっていることが、お客様にとって安心感を与えたのか逆に感謝されたこともありました。

■サービスの原点は、信頼、信用、安心を生む思いやりの心

【要点】

・顧客の不満足の多くは、信頼、信用、安心の底流にある思いやりのなさ。
・信頼、信用、安心を生む思いやりのコツは、気づきにあり。

【解説】

顧客サービスへの不満の具体的なものとして集約化され表面化してくるのは、多くが苦情であります。その苦情の多くは、原因を突き詰めていくと人の問題に帰結すると言ってもいいほどです。

人の問題とは、不愛想な挨拶、不親切であいまいな説明、依頼事項の失念、放置などによる信頼、信用、安心感を損ねる対応から起こるものなのです。

企業への信頼、信用、安心感を損ねたサービスに不満が生まれれば、どんな良い商品（製品）、サービスを提供しても、製品、サービスそのものに対する評価まで低下し、最終的には収益機会を失うことからも、顧客サービスは企業収益と深く結びつい

ているのです。

お金がかからず、社員の意識次第で改善できる不愛想な挨拶、不親切であいまいな説明、依頼事項の失念、放置などは、「思いやりの心」の有無次第なのです。

顧客満足を得るためには顧客への「思いやりの心」が底流にあって、初めて信頼、信用、安心感が生まれるのです。

社員の「思いやりの心」が顧客の期待を超えたときに、初めて顧客に本当の感動が起こり、その企業への信頼、信用、安心感が提供するサービス、製品購入へつながるのです。

「思いやりの心」を持ったサービスは、マニュアルにあるマナーとは違って顧客満足につながる顧客対応を「ホスピタリティ」という言い方、考え方があるそうです。

しかし、よく考えてみると紀元前に存在した中国の古典の「論語」、「孟子」、「大学」などの中に、すでに大事な生き方として、「仁《じん》」、「絜矩《けっく》の道」、「義《ぎ》」を説いて人間関係や政治手法を中心テーマとしており、この考え方を受け入れている日本の中にも数千年にわたって生活の中に「思いやりの心」は根付いているもので、決して新しいものではないのです。

思いやりの心を持った顧客サービスを生むコツは、何かといえば「気づき」なのです。気づきは、顧客との応対の中で、自ら見落としていた事項や問題点に気づくことなのです。言われて気付くこともありますが、言われなくとも、その気持ちを持っていれば、自ずと気づくものなのです。「気づき」は他人から得られるもので受動的で消極的なものとして評価しない人もいますが、それは違うと思います。「思いやりの心」、「おもてなしの心」を持っていなければ、「気づき」は生まれないので能動的なのです。

そして「気づき」を会得したことが自らの「学び」に通ずるのです。学びとなった気づきを、「思いやりの心」や「おもてなしの心」とともに顧客サービスの中に活かして対応すれば、たとえミスなど発生した場合でも苦情につながることは少なくなると思います。

中国の古典「大学」の中に「心ここに在《あ》らざれば、視《み》れども見えず、聴《き》けども聞こえず、食《く》らえども、その味しらず」という言葉がありますが、ここに言われている通り、その気持ちがなければ、気づきは起こらないのです。

気づきは、単に顧客から信頼、信用、安心感を得るだけでなく、顧客からの気づきを通して思わぬ新商品開発、サービス改善などにつながるヒントを得ることもあるのです。気づきは、その大小を問わず顧客から得たヒントとして個人のものにせず、皆で共有して企業のものとする仕組みを作り、明日への成長の糧とすべきなのです。社員に顧客との接点の中で「気づき」を習慣として身に付けさせ、それを具現化すべく提案制度などに落とし込み積極的に対応すべきことです。

会社が生き残り、競争力を確保するためには、トップでは気づけない現場の気づきから「常に新しいことを発見」するサービスの原点に立った姿勢は大事なことなのです。

■レポートラインの徹底

【要点】

・組織は船頭一人でよい。
・組織には指示命令系統を複数作らないことが原則。
・一方でレポートラインが強すぎると、下から悪い情報が上がらなかったり、遅延するという落とし穴に注意する必要もある。

【解説】

レポートラインとは、指揮命令系統のことです。会社等組織におけるレポートラインは、基本的には一つなのです。レポートラインを守らなかったり、逸脱すれば組織の指示命令系統は複雑化し、組織での責任、人間関係の問題等が生じ、マネジメントが出来ない状況に置かれ、まさに組織としてのガバナンスが機能しなくなる懸念が生じるのです。

したがって、レポートラインを守り、きちんと維持することは組織が効果的に機能するためにも欠かせない大事なルールなのです。

これを言い当てたことわざに、「船頭多くして、船山に上る（又は登る）」がありま す。このことわざの意味は、ご存知だと思いますが、指示する人が多いと、どの指示に従っていいか分からず、動きが取れず、結局、事がうまく運ばないことを、船頭と船を対比してうまく言い当てたものなのです。

翻《ひるがえ》って船に限らず、会社を含めどんな組織に当てはめても、組織全体をうまく機能させるには、指揮命令系統を基本的に一本化し、各部門の指揮する人は、最終的に一人に決め、この一人に権限を与えて対応しないと、大変なことになりかねないことなのです。このことは、誰でもわかっていることなのですが、実際の組織では、陰の船頭が存在し、指示命令系統が複数化し、的確に情報等が上がりづらくなり、しばしば問題を起こすのです。つまり、レポートラインと権限者とは、一体として考える必要があるのです。

レポートラインがうまく機能していない具体例としては、その部門、組織に仕事に精通したベテランの古株がいると、裏でそちらの無権限者に相談したり、指示を仰ぎ、権限者が仕切れなくなることもあるのです。

また優秀なスタッフが多いと、権限、責任者を明確にしても、指示が浸透しづらく、結果として指示命令系統が乱れることもあるのです。

このことから、いくら優秀な人材をたくさん集めても、事はうまくいくものではありません。この権限者の明確化でレポートラインを徹底し、社員の協力を得ながら対処することが、業務への対応力を最大限発揮でき大きな事業を成し遂げる近道なのです。

会社の規模も小さく社員が少ないうちは、指揮命令系統もはっきりしていて、このレポートラインは機能しやすいのですが、会社の規模が大きくなると、自ずと不明確な部分が増え、徐々にレポートラインが不明確になる傾向があるのです。意外ですが特に外資系企業では、レポートラインにおいて、報告が適切でないと厳しい評価が下されると聞いています。組織維持の生命線ととらえているからです。

この場合の重要なカギは、中間管理職の役割、責任を明確化し機能させることがポイントと言えます。中間管理職の責務を明確化しレポートラインを確立することによって、はじめて企業のガバナンス力が強化されるのです。

部門責任者、中間管理者は、他部門との連携等も含め視野が広く業務に精通していることもレポートラインを機能させる一つです。

また、レポートラインにおいては、コミュニケーションも大事なのです。「報告・

連絡・相談」がコミュニケーションの典型的なものです。

特に、相談への対応が鍵となります。報告、連絡は、きちんと受ければそれでよいのですが、相談においては、単に相談を受けるだけでなく、必ずレスポンスをしなければなりません。レスポンスは、迅速、かつ的確、また納得性があるかで信頼関係に影響します。

また、レポートラインにおいては、上位者も、部長、課長をパスして直接担当者に指示するようなことは、絶対に慎まなければなりません。従って、レポートラインの厳守は、トップにも求められるのです。

■五つに一つを徹底して管理すれば、すべてが管理できる

【要点】

・経営者は、会社のすべてを管理しきれないし、管理できない。
・把握すべき業務（項目）を選定して、その業務の二割を徹底すれば、すべてが徹底できるようになる。
・的を絞って徹底することは経営の原点である。

【解説】

会社の行っている業務でチェックすべき項目は非常に多い。また、多岐にわたっています。経営者が業務の対応に関心を持っていても、関心度が社員に見える形で伝わっていなければ、自然と業務対応が緩くなり、ともすれば手を抜くことが常態化し、後々大きな問題に発展することも考えなければいけません。社員は、常にトップの顔を見て、その行動、関心毎に注力しているのです。少なくとも現場の管理者に、経営者の関心度のなさが伝わると、自然に仕事全体が緩慢になり、コンプライアンス、事

務管理、営業実績に問題点が徐々に出てくるものです。

従って、経営者自らコンプライアンス、事務管理、営業実績に関心を示していることを何らかの形で目に見えるように常に示して、程よい緊張感を維持していく必要があります。一方、経営者としてみるべき項目も多くあるのも実情です。このようなことから、すべてを把握、管理しようとすれば全てが、広く薄くなりきちんと把握できない恐れがあります。

ここで掲げている五つに一つの徹底した管理の主旨は、管理面からみて部門別、あるいは業務区分別に重要な事項を概ね二割程度を定期的に自らの目で実態を把握すると言うことなのです。

特に私は、現場で銀行の支店長をしていたときに、この方法が非常に不祥事等の事故発生抑止に効果的であったことから取り上げました。

毎月、又は数カ月間隔で検証する項目を十項目程度とした場合、具体的に申し上げますと、コンプライアンス事項で五項目程度、事務管理面で三項目程度、営業面で二項目程度といった具合です。コンプライアンス面は、二～三カ月の間隔でもいいと思いますが、事務、営業面は、毎月でいいかと思います。

検証する日を予め決めていると事前に対応して、整理等処理されるので、決めないで不定期に検証することがポイントです。

また、実施することを明らかにしないで、密かにさりげなく、悟られないように実施することが重要です。そして、問題があれば公にして、改善を指導し、社内にトップの目も、こういった事項に向いていると言うことを暗に認識させること、意識させておくことが重要なのです。

コンプライアンス面では、行員の残業の申告状況、有給休暇の取得状況、昼食の取得時間、定期券の購入状況、運転免許証の違反歴などです。

事務管理面では、未処理事務の整理状況（長期未整理の有無）、融資案件の取り上げ、稟議書の整理状況（ファイル等の整理保管）、金庫内の整理整頓状況等です。営業推進面では、訪問日誌（営業日誌）による偏在訪問等の行動管理、服装等身なり、実績の偏りの有無等です。毎月、又は隔月等に継続的に検証していくのは、一見簡単なようで、そう簡単なことではないのです。

これを継続して検証していくことで、業務運営実態が自ら直接肌で感じられることが貴重なのです。

さらに、重要なことは、問題点があった場合、鬼の首でも取ったように該当者に厳しく叱責しないことです。さらに追い打ちをかけるように他の行員の見ている前で、見せしめ的に叱責しないことです。要は、たまたま見たら、不備、問題であることに気づいて、指摘より説明を求めたりして改善を促すことが重要です。

しかしながら、問題の内容によっては、本当に問題がないか、その背景に時間をかけ、場合によっては面接もして十分検証し、私生活での悩み、不祥事等へつながっていないか見極めることも必要です。

どの項目を絞って検証するかは、トップのセンスです。要は、健全な業務運営に必要で、重要な鍵となる項目を選定することです。特に、不祥事には、中間管理者がその権限を利用して顧客との問題を起こすこともあり、問題の大きさも異なりますので、留意する必要があります。

従って、中間管理者の業務への対応姿勢の検証は、一般行員より重要となります。この五つに一つの徹底は、健全な業務運営を実現するための経営者（または管理者）にとっての効率的な管理方法であります。

■始め良ければ終わりよし、終わり良ければすべて良し

【要点】

・仕事の見直しは「始め」と「終わり」の見直しで時間の改善、仕事の改善につながる。
・仕事は始めのスタートと、終わり前の遊びを作る工夫で決まる。
・会議、研修は、資料の事前配付による説明廃止で実施効果が上がる。

【解説】

ことわざに「始めよければ終わりよし」と言うように、物事は始めが大事であるものもあれば、一方で、「終わり良ければすべて良し」と言うように、物事は、結末さえよければ、途中が良くなくても問題にならないということのことわざもあります。また、中国古典の「易経」にも「君子以《もっ》て事を作《な》すには始めを諮《はか》る」があります。これは、物事を行う場合、君子は必ず最初によく調べて万全の計画を立てるという最初が大事であると言う意味です。

いずれにしても、何ごとにも始めがあるように、何ごとにも終わりがあります。事を成すには最初と最後が大事であると言うことで、どちらにも真実があると思います。

私は、毎日の仕事の上での考えを申し上げると、「はじめ七割」、「終わり三割」くらいかなと思っています。なぜかと言いますと、朝のスタートがうまくいかないと、その日一日躓《つまず》くものなのです。物事はすべて第一歩が肝心なのです。第一歩が順調にいくと気分的にも前向きになり、思った以上に勢いがついて最後までうまくいくことが多いのも確かです。

このように、大事な「始め」と「終わり」の業務を重点に見直すと時間の改善と仕事の改善にもつながるのです。

始めで大切なことは、一つは、前日の段取りと計画です。これがきちんとできていれば、始業時のスタートは基本的には順調にいくのです。それから「始め」も、「終わり」も上に立つ者は、突発的なことをお願いしたり、聞いたりして業務を混乱させないことです。業務が一通り順調に進んでいる日中の繁閑を見たり、あらかじめ日中に計画して、意見交換したり、頼みごとなどすることです。

「終わり」として大事なことは、その日をきちんと完結することです。そのためには、最後の締めくくり時間が大事なのです。これを「まとめ時間」として振り返り時間を十分～二十分程度設けるとうまくいきます。

忙しく動き回っていると忘れることもあります。顧客からの依頼事、照会事もあります。仕事中に浮かんだ業務改善のアイデアもあります。これらをきちんと整理して一日が完結するのです。一日の活動計画に組み込まない最終の時間として遊びを設けることです。

私はこれを車のハンドルに遊びが必要なように「仕事のハンドル時間」と言っています。まさにこの時間は、「終わり良ければすべて良し」に通ずるのです。私は、銀行員時代も、関連会社のトップにいたときも、突発的なこと以外は、相談事など含め午後四時までとして、午後四時以降を「仕事のハンドル時間」としていました。

一方、会議（含む打合等）、研修についても、その運用によっては、時間消費に大きなウエイトを持っていますので、隠れ残業に繋がります。これへの改善をしなくては一日の業務改善による時間の改善は進みません。

会議、研修については、先ず自社の実態を内容、実施回数、所要時間の分析により実態を知ることです。実態を直視することで、自ずと改善意識が芽生えてきます。

日本の企業は会議好き、研修好きで、考えている以上に多くの回数と時間を割いているのが一般的です。重複している内容のもの、一回当たりの時間の長さに気づくはずです。

改善のポイントの一つは、研修、会議についても、半年、年間の計画を期初、年度初に会社横断的に立て、内容を精査し、重複しているもの、不要な回数等の見直し、削減を図ることです。

二つ目は、一回当たりの時間の見直しです。会議では、内容を分析すると問題は、配付資料の説明時間に意外と割いていることです。三割～五割程度あると思います。私は、資料の事前配付により会議では説明を一切せず、出席者の質問からいきなり会議を開始することに変更し時間を少なくし、すべての会議を一時間以内にしました。

説明時間の削除で事前に目を通して会議に臨む習慣がつき、質問、要望などの鋭い意見が多く出され、意外と内容の濃い活発な会議となりました。

研修についても重複しているものの削減、資料の事前配付により予め目を通すことで時間を多少削減しても、新しい事項、不明な点、確認事項等に質問が多く出され内容の濃いものとなります。研修では、最後に研修内容を確認するための簡単な口頭の「確認テスト」を実施して、時間を削減するだけでなく実効力を高めることができました。

■良い社風を作る

【要点】

・子供は親の言いつけ通りにせず、よくも悪くも親をまねて育つ。
・社員もこれと同じで規則よりも社風で育つから、規則を作って良しとせず。
・トップ自ら良い社風を作ることに努める。

【解説】

社風とは何かと聞かれると意外と説明できないものです。またこの社風と似ている概念として「企業風土」、「企業文化」という言葉があります。この違いを説明するとなると、なんとなく分かってはいるのですが、具体的に言い当てるのは難しいものです。一方、社内規則は、その言葉の通りで、まさに社内のルールなのです。

その道の専門家でもなく、学者ではないので的確には説明できませんので、いろいろと議論があるかと思いますが、私なりの解釈で申し上げてみます。

社風とは、社員が自然に感じ取っている企業内の雰囲気や空気感などのようなものを指している言葉だと思います。人間に例えて言えば、人柄みたいなもので明朗であるとか、温厚であるとか、理屈抜きで外部から感じ取る雰囲気、あるいは社員の多くが感じ取る会社に対する感じを言い当てたものが社風といえるかと思います。

企業風土とは、企業内で長年のうちに自然に培われた慣習のようなもので企業に定着している、良い悪いは別として当たり前のこととして、組織の価値観として共有しているようなものが企業風土ではないかと思います。

具体例としては、トップに意見が自由に言えたり、社員間の風通しが良い、トップが不在の時でも社員の気持ちよい挨拶、応対と言ったことです。

企業文化とは、企業内で共有している価値観や行動規範、それが企業文化であると思います。

具体的には、「経営理念」に相当するものです。それは、「企業哲学」と言ったらいいかと思います。もっと具体的に言えば、個人主義重視か、組織重視のチームワーク主義かといったことだと思います。この企業文化は、トップの意向で変えていくことが出来るし、変えることが必要なのです。

企業風土と社風は、曖昧な概念で、大きな違いはなく、比較的似ている概念だと言えるかと思います。企業風土や社風は、社内規則と違って明確には見えませんが、社員によって変わるものなので、絶えず社員の面接等を通じて、外部からの評価を踏まえて対応していかなければなりません。

特に企業風土と社風は、企業文化、社内規則に大きく影響するもので企業文化、社内規則を変えていく契機になっていると思います。

そういった意味で「社風」、「企業風土」、「企業文化」、「企業規則」は相互に関係し、影響しあっているのです。

企業風土や社風に問題があるかどうかは、トップ自ら感じ取り、先頭に立って良い方向に変える不断の努力をしなければなりません。いろいろな分析を見ても企業にあっては「社風」、「企業風土」が社員の仕事への意欲、協働意識、退職にも大きく影響していると言われています。

子供は親の言いつけ通りにせず、よくも悪くも親を真似て育つと言われています。社員もこれと同じように企業文化や社内規則よりも社風、社内風土で育つものです。

従って経営理念、行動規範、社内規則を作って管理体制を強化することももちろん必要ですが、それが社員のやる気とか熱意の芽を奪っては、何にもなりません。

コンプライアンスを強化するために規則を見直したり、作ることは大事です。要は、それで良しとせずに、トップ自ら自由闊達な「社風」、「企業風土」の上に企業文化、社内規則が成り立っていることを認識して対応し、努めることが大事であると考えています。

■ファーストライン重視の経営

【要点】

・企業の不祥事等事故の多くは現場を軽視した体制によるところが多い。
・現場の声を無視した経営に成功はない。
・現場の声に耳を傾け、経営に活かすのは経営者の仕事である。

【解説】

実態として企業の不祥事等事故の多くは、現場で発生しています。発生してみると現場の不備＝管理体制が必ず問題となります。

問題が起きたときは、本部でなく直接現場に聴取することで管理体制の実態と問題が九割は把握できるのです。

つまり現場＝ファーストラインで発生した事故に対してどの程度、本部が潜在リスクを把握し、対応していたかの立証が鍵となります。

現場を無視した結果、経営を揺るがした例として記憶に新しいのは、スルガ銀行の不動産投資ローンを使った不正融資事件があります。

内容については、新聞記事の範囲でしか知りませんので、詳細は分かりませんが、要因はスルガ銀行の本部営業推進部門の現場を無視した営業店への営業至上主義的な高いノルマ設定が端緒《たんしょ》となり発生したと理解しています。営業推進部門から営業店に対して目標達成のためパワハラ的な行為も日常的に起こっていたと書かれていました。

融資に関する書類改ざん等によるつじつま合わせ、審査部門に圧力をかけ、審査を通すなど審査機能不全にした不正融資事件です。これなどは現場の実態を知らず、毎期、毎期、無理な高い目標を課し、黙認していた経営陣にも大いに責任があるのです。

当時、スルガ銀行は、低金利環境下でも収益力の高い優良地銀として、金融庁もお墨付きを付け長官自ら地銀協の例会等で称賛し、他の地銀にスルガに学べと言わんばかりにモデルケースとして取り上げていました。

この問題が発覚後の立入検査後、金融庁も重い行政処分を科し、処分の理由として「適切な信用リスク管理及び営業に対する牽制機能の欠如」として「経営陣及び審査部は、シェアハウス向け融資及びその他投資用不動産融資に関して、…様々なリスクを把握しているにもかかわらず、こうしたリスクについて十分に検討を行うことなく融資を継続した結果、不良債権の増加を招いており、信用リスク管理上の問題が認められる。……シェアハウス向け融資をほぼ全件（九九％）承認するなど、実質的に審査が形骸化している」と指摘しています。

最近の企業の製品の検査不正等のニュースを見るに企業の「現場」では、企業理念に基づく体制が歪んできているように思えます。しかし、よく考えてみれば、それは現場の責任と言うよりも経営者の責任なのです。

対人協力関係の低下、本部の収益至上主義に基づく現場の品質管理を無視したコストカットなど現場を軽視したとも思える管理、現場を知らず逆に過度な安全管理を要求し、結果として実情にそぐわない管理体制となっていたり、現場に任せず、本部の管理を強めて現場を管理しようとして現場から権限を奪い、自助努力による判断力、責任感のない人材を育成し、企業全体の存在までも蝕《むしば》み始めています。

松下幸之助は「人を活かす経営」の中で現場の重要性を説いて、現場の声にもよく耳を傾け、現場で生まれるものがないといけないと言っています。本部で如何によい企画をしても現場の人が生き生きと仕事を遂行できないと何も生まれないと周囲に教えていました。

また、多くの経営者が「現場の声に耳を傾けろ、さもなければ会社は衰退する」と現場の声の大事さをアピールしていますが、それを認識して現場を定期的に回っている経営者は意外と少ないのも現実です。

私が三十代の銀行員の頃の頭取ですが、取引先とのゴルフの帰りなど暇を見つけては、五分か十分程度でしたが突然、秘書室から電話があり営業店を訪れて、支店長と意見交換していました。支店長が、翌日朝礼等で意見交換や、ご指示された、お客様対応や業務推進面などについて話され、話の内容がさすが目の付け所がすごいなと感心したものです。トップをじかに見るだけでもモチベーションは上がるのです。これなども現場重視の一つだと思います。

現場重視で有名なのは、トヨタ自動車です。この結果生まれたのが「ジャスト・イン・タイム」、「ロボットによる自動化」、「見える化」などで、世界の標準化にもなっています。

会社の業績が順調なのは現場が順調だからです。会社が不振な時は現場が不振だからです。すべての原因は、現場にあるのです。会社の業績伸長のヒントも、すべて現場に眠っています。改めて、現場の声を聞き、経営に活かすのは経営者の仕事であることを再認識し、成功の源泉は現場にあるということを肝に銘じて、本部の指導よりも納得ある対話を通じて血の通ったサポートを現場に如何にできるかであります。

現場の声が上がってくるのを待つのではなく、本当の現場の生の声は、現場に取りに行くものだと思います。経営者自ら現場に足を運ぶことが何よりも大切なのです。

■現場の小さな声、声なき声に耳を傾ける

【要点】

・頂点に立つと意外と組織も人も見えなくなる。
・現場には経営のヒントになるものが山ほどある。
・常に現場と距離を縮める努力と寄り添う姿勢に立つと組織と人が見えてくる。

【解説】

組織の頂点に立つと、組織も人も、すべてが見えるように思っているが、実際にトップに立つと、トップは、思った以上に孤独であり、外に出ない限り、実際のところは、入る情報、要望や意見は偏っている傾向が強いのです。

情報や意見の多くは、どうしても、かつて同じ部門、支店などで仕事を共にした同僚など特定の接点のある人、あるいは本部の中で大きい声、身近にいるものの声を全体の声ととらえ、限られた情報を全体の情報、意見と錯覚し認識する傾向があるのです。誰でも、どうしても上の人に喜ばれる意見や情報を入れたがるのです。これが実

は、知らず知らずに会社の弱体化を助長することにもつながるのです。

従って、遠くにいる接点のない支店などの現場の情報、声とか、声を上げない人たちの情報や意見などの声は、実際には届きにくいのです。届いても小さいことから取り上げられず無視されることが多いのです。

本当の経営をするには、現場の声なき声を吸い上げ経営に活かさなければなりません。現場には、生きた本物の経営のヒントとなるものが山ほどあるのです。

大事なことは、現場の声なき声を切れ目なく、いかに吸い上げるかであります。現場の声は大事であると言うことは、誰でもわかっているのですが、実際に吸い上げるとなるとなかなか難しいのです。

人は信頼関係ができない限り本当のことは、心を許して情報を提供したり、本当のことを話さないものです。現場の声なき声を吸い上げるためには、常に現場と距離を縮める努力と寄り添う姿勢を自らとり信頼関係を築くことです。

私は、現場訪問を最優先にして銀行での役員時は、担当店へは最低年四巡訪問を自らに課していました。時間も一カ店半日を割いて訪問することとしていました。また関係会社のトップに移っても同じように全営業店に最低年二巡訪問を自らに課していました。

本部に来訪を依頼して意見交換するよりも、相手陣地である営業店で意見交換した方が、緊張感もなく本音の意見が出るのです。また顧客サービスに、業務改善に生かせるヒントも多いのです。さらに、本部では認識せず目立たないが、能力のある埋もれた優秀な行員が多くいるので、思わぬ人材発掘にもつながるのです。

声の大きい、目立つ人は、立ち回りもうまく、表向きの業績はそれなりに挙げているのですが、素性を調べてみれば部下から評判も決して良くなく、自分中心で部下を活かさず利用していることが意外と多いのです。それよりも目立たないが人柄もよくコツコツと実績を挙げ、営業店の業績に貢献し自らの職責を果たしている人物を見つけるには、トップが現場と距離を縮め広く訪問して、白紙の状態で、一から組織と人を自らの目で見て、確かめるしかないのです。

このように、会社の片隅でささやかれている声、あるいは小さな声にも耳を傾けることを心掛け、どんな小さな提案、要望も検討するという姿勢や意識を持つことが必要なのです。

そうして、現場と距離を縮める努力と寄り添う姿勢で、現場主義に徹した行動を積み重ね、小さな声、小さな提案を、組織の活性化、顧客サービスの充実、業容の拡大などの面で大きな改革へと結びつけることができるのです。これは経営者の使命であり、責任なのです。

第五章　組織の活かし方、人の活かし方の心得

■トップは自分と正反対な人間を遠ざけない

【要点】

・トップには自分と正反対の人間とか、忠告してくれる煙たい人間を遠ざけない寛容さが求められる。
・単に仕事ができるだけでも登用してはいけない。
・自分好みの部下にも欠点、ミスを指摘する勇気が必要である。

【解説】

トップに立つと、なかなか忠告してくれる人間がいなくなるのも事実です。ましてや在任期間が長く自信満々のトップにでもなれば、次第に意見、まして忠告など出来る人は皆無に等しくなるのです。トップとNO2では、この距離間は全然違うのです。企業には、コーポレートガバナンスの制度があり、本来、この機能発揮である程度対応すべきですがトップの息のかかった社外取締役、社外監査役では、現実問題として、なかなか難しいのです。

そうした中で、トップと異なる意見を具申した部下に「意見ありがとう。参考にするよ」などと感謝の気持ちと寛容な態度で受け入れることのできるトップは何人いるでしょうか。

人間は、つまるところ「好き、嫌い」で人を近づけたり、遠ざけたりするのです。よく会社など組織の人事では、地位が上に行けば行くほど「実力三分、好き嫌い（人間関係）七分」と言われて、次第に実力よりも好き嫌いのウエイトが高くなると言われています。なるほどと思いますし、その方が使いやすいのです。また仕事ができると言うだけの人材登用は、問題を起こすのです。

イトマン事件でイトマンの社長を務めた河村良彦氏も、ある意味ではいい例です。高卒で住友銀行の常務にまで上り詰め、イトマンに社長として移り、汚れた仕事で実力を発揮したことから磯田頭取の懐刀《ふところがたな》として、かわいがられ、それが逆効果となり、期待に応えようと背伸びして、言われるままに何でもして多くの問題を起こしたのも事実です。

誰でも、自分と正反対の考えとか価値観を持つ人間から意見、あるいは忠告を受けたりすると、何かと一家言有る煙たい人間を遠ざけたり、排除したりすることは、無意識か意識しているかは別として起こっているのです。

一方、遠ざけられた側の人間は、大なり小なり居心地が悪く反発心は当然残ります。加えて社内に派閥でも出来たら最悪です。

トップに都合の良い人間だけを周りにおいて、自分の地位を保ってもいいことはありません。今日の変化の激しい企業社会において変化に的確に対応できなくなると柔軟性が失われ、技術、サービスなどの面で改善が遅れ、質の劣化と競争力の低下が起こるのです。こんな企業は、自ずとダメになります。

会社が抱える問題を解決するには、様々な能力のある人間の異なる意見も聞き、受け入れる寛容さが求められているのです。

特に人事採用においても、人事部長や、担当役員の意に適《かな》った人間だけ採用したのでは、将来が思いやられます。

松下幸之助の言う経営理念に沿い「素直さ」や、「熱意」が感じられる人物であれば、相性の合わないと思われる人間でも登用すると言った、人事には公明正大さが必要なのです。私心をなくした人材の登用は、トップの最大の仕事であり責任でもあるのです。

このことは、論語の「君子は和して同ぜず、小人は同じて和せず」（子路第十三）にあるようにトップは、和して同ぜずで、能力があれば、人に分け隔てなく接し、だからと言って、良いものは良い、悪いものは悪いで判断し、好き嫌いでむやみに同調はしないことが求められているのです。

時に自分と正反対の人間の働きや、あるいは煙たい人間の働きで会社を守ったり、会社に思わぬ収益をもたらしたりすることが意外とあるものなのです。

■重要ポストへの任用は下の者の評判の良いことが前提

【要点】

・社員は上の者の意向で行動したり、上の者に合わせて振る舞うから、重要ポストに任用しようとする者の本当の人柄、資質はトップ（上）からは見えにくい。

・社員に慕《した》われている者を任用すると、社員は上司の意向に良く従い、社内の風通しが良くなり組織も活性化する。

【解説】

組織の次席にあって、上司から見て実績、執務態度、人柄等人物的にも申し分のない人物で、銀行で言えば、支店長、あるいは本部の部長の重要ポストに推薦した場合、任用した途端《とたん》に、パワハラなど部下へのいじめなどで、芳しくない評判を耳にすることが、よくあります。場合によっては、パワハラが日常化して行員の退職までに発展することもあるのです。

当の本人に聞いても、容易には原因が分かりません。本人は、ある面では責任感が強く、それを達成しようとする姿勢は、一見して頼もしいのです。しかし、度を越した要求を部下に押しつけたり、求めているにもかかわらず、本人は、相手の問題点を取り上げ、本人の行動がパワハラであるという意識が薄いのです。

ところがパワハラを受けた本人はもとより、周りの社員に聞いてみると、原因がよくわかるのです。

度を越した成果を求め、人格を無視した強い言葉や振る舞い、口を利かない、会議から外すなど孤立化させるなど問題点がいろいろと出てくるのです。これが毎日であったらどうでしょう。人によっては、精神が不安定となり、退職まで考えるのではないでしょうか。

こんなことが起こったとき、自信をもって推薦した上司としては、せっかく重要ポストに就けてあげたのに、まさに裏切られ、泥を塗られたと言う思いで、一遍《いっぺん》に恨みつらみに変わったことは、ないでしょうか。決して珍しいことではなく、ありうることなのです。このような人事は絶対避けるべきなのです。

ではどうしたら、こんな不幸な人事を避けることができるのでしょうか。答えはあるのです。周りの社員、とりわけ下の社員の評判を踏まえて任用するのです。つまり、下の社員から慕われていない社員は、どんなに有能であっても重要ポストの任用は絶対避けるべきなのです。任用したら周囲の人も含めて不幸の始まりなのです。

「享保の改革」（上米《あげまい》制等の財政改革、参勤交代の緩和など）で有名な八代将軍である徳川吉宗のご意見番であった荻生徂徠が吉宗に求められ提出した意見書である「政談」の中に、まさにこのことが書かれています。

「家康公の御代《みよ》に、重い地位の役人を任命なさる際には、必ず下の者の評判をお聞きになって、適任との評判のある者を重い役に任命すると聞いている。古い人の話では、下の者から慕われている者を重い役に任命すると、下の者がよく命令に従うからだ、と言うことである」と書かれています。

さらに加えて「すべての人の善悪は、上の方からは見えにくいものである。誰にせよ、人と言うものは上の者の意向に従い、それに調子を合わせ、上の者に気に入られようとするのが人情の常であるから、その人の本心は隠れてしまって見えにくい。……上からは人の善悪は見えないのが理の当然である」とも書かれています。上からは、直ぐ下の部下の実績は見えても、人柄など人格、資質は見えないものなのです。

江戸時代においても重要ポストの任用にあたって人物を見分けることは、なかなか至難のことであったと思われ、任用の留意点を「政談」において、下の者の評判と言うものを踏まえて登用することが、間違いのない人事であると言っているわけです。

このことは、現代の企業における重要ポストへの人の任用にあたっても大いに参考になるのではないかと思われます。

トップにとってふさわしい人物と思っていても、社内の評判が芳しくない人物は、トップとして任用したくても、絶対に任用してはいけないのです。

（荻生徂徠『政談』尾藤正英抄訳　講談社学術文庫）

■異常値をつかむセンスを磨く

【要点】

・社員の行動などの異常値、取引先の異常値をつかむセンスを持つことは、経営者のリスク管理の出発点である。

・経営者にとって異常値をつかむセンスを磨くことは、最大使命であり、健全性の維持と、事業拡大の課題でもある。

【解説】

異常値とは、基本的にはよくない事象につながる懸念があるものであり、企業にとって負の影響を及ぼすことであります。従って、当然に見過ごすことのできない事象でもあります。

ですから異常値を早期発見し、原因をつかみ解決することは、企業の健全な発展には不可欠なことです。

企業は、様々な対策をリスク管理という形で講じて不断に対応しているわけです。

にもかかわらず企業の不祥事件は、大小さまざまであるが依然として発生しているのが実態であります。

毎日のニュースを見ても、必ず何らかの不祥事件が掲載されています。このニュースさえも、実際に起こっている不祥事件の一握りで、氷山の一角に過ぎないと思います。

不祥事件は、日常深く潜行して、顕在化するまでに時間を要するのが常です。しかし、発生した不祥事件を分析し、様々な形で振り返ってみると、事件の芽は、必ず早くからあるのです。

また、企業には、不正防止のための内部通報制度がありますが、残念ながら経営者が少しでも関係していれば機能せず、大半が防止できていないのも事実ではないかと思っています。

一方、経営者以外においては、異常値をつかむ対策をしっかりしていれば発見できないものはないのが大半なのです。特に、初期の大事な対策は、社内で異常な事柄を管理者間で共有していないことが多いのです。どんな小さい情報、信頼できる社員でも前提をなくして、異常と認識した情報は、トップを含めて共有できるかが重要なのです。防止できなかった原因の多くは、管理者間のセンスの差、認識感度の差による共有不足が大きな要因となっています。トップは、ことあるごとに管理者に啓蒙し、異常値の把握に努めることが大事なのです。

また、私が経験した銀行から見れば、異常値の対象は、大きくは、取引先の異常値、行員の異常値となります。

取引先については、日常の取引状況では、資金の動き、他金融機関との取引変化、融資取引の動きなど、また財務面で言えば、特定科目の変化（操作計上等）による利益、在庫操作による粉飾などである。

行員について言えば、休暇を含む出退勤状況、服装等身だしなみ、預金残高の変化、業務では成果、業務処理遅延、ミス、外部からの電話の増加等があります。その他、特定顧客からの電話、無報告の飲食等の接待などもあります。

異常値には、一定の法則が必ずしもあるわけではなく、経験が大きく寄与するものと思っています。日常の中で、異常的な事象と思われる事項に気が付いたときに必ず報告させる習慣をつけることが大事であると思っています。

要は、職務経験から、「変だな」、「おかしい」といったことに気が付いたら、面倒くさいとか、忙しいことを理由にせず、あったことを必ず報告させることです。

また、先入観を持たず、些細なことでも何でも報告する習慣を身に付けることなのです。報告を受けた者も面倒くさがらず聞くことです。そして早く事実を調べ、異常性を確認することです。

異常値の報告事項の対象者は、聖域を設けず、仕事を共にする全員が対象として対処することです。

■部下との距離は遠ざけず近づけず

【要点】

・部下との距離感は、一人一人違うので間《ま》の取り方が大事である。
・近づけず、遠ざけずの適切な距離はコミュニケーションの基本である。
・部下との適切な距離感は、信頼関係の成否を決めるものである。

【解説】

会社の中でも社員との適切なコミュニケーションでは距離感が大事です。これはあらゆることで大事なのです。よくこの距離感を「間《ま》」と言われます。間が悪いのを「間抜け」とも言われます。ダメなことを指した言葉です。

会社組織でも意外と大事なのは、この「間」ではないかと思っています。しかし簡単なようで難しいのが、間の取り方＝距離感です。

部下との距離を近づけ過ぎると付け上がり（いい気になる）、遠ざけ過ぎると敵対心を持って寄ってこなくなります。「近過ぎ」たり「遠過ぎ」たりした場合に問題が起こるのです。

まさに部下との距離は「近づけ過ぎず、遠ざけ過ぎず」なのですが、一人一人性格も違い、考えも違うように、すべて違うのがこの間の取り方で、一人一人の性格を見て適度な距離を保つことが信頼関係構築の上で大事なのです。

「言うは易く、行うは難し」なのです。「近づけ過ぎず」「遠ざけ過ぎない」適切なコミュニケーションの距離感を体得できれば、部下との真の信頼関係が構築でき、より信頼度が強くなり、経営者、いや管理者として合格なのです。

一つの例が、仕事が終わって部下を誘って何人かと飲みに行くときです。部下は職場では、上司が思っている以上に上司に対して距離感を感じているものです。しかし酒に酔ってくると距離感が薄れて寄ってきて、距離感を縮めてくるものです。このこと自体は悪いことではないのです。しかし、こういった時こそ、兎角《とかく》、本心が出て、ぞんざいな言葉で馴れ馴れしくしてくるのです。つまり、付け上がって、いい気になる場合があるのです。

また、営業成績などで低迷している社員にアドバイスしたつもりが、勘違いされ、あまり怒られた経験のない人にとっては、勘違いして、厳しく指導されたものと反感を持ち、これを機会に遠ざかる場合もあるのです。一人一人の性格をよく見て対応しないと逆に恨みを買うので注意が必要です。

もう一つは、「えこ贔屓《ひいき》」の問題です。特定の人を誘って飲みに行く場合など、他の社員に比べ回数が多いと、ほかの社員からは、「えこ贔屓《ひいき》」だと勝手に思われやすいのです。人間は、一般的に嫉妬と打算で動くものです。近づけ過ぎて、特定の人を可愛がっていると思われると社内に悪い影響を生む場合があるのです。

上司としては、部下全員に公平に接する距離感は大事なのですが、この塩梅《あんばい》は、現実には非常に難しいのです。どうしても仕事のできる社員とは会話も増え、外からは特定の社員を可愛がっているように見えるので注意が必要です。

逆に業績低調な社員に甘くすると、他の社員からは、これも「えこ贔屓」だと見なされやすいので、気を使い過ぎてもいけないのです。

いずれも、上司は、距離感に注意して当たることが重要なのです。相性のいい部下とは、自然に関係が良くなることから、その振る舞いには注意することも大事です。

私も年二回の社員面接で、特定の社員との振る舞いがいい関係にとられ、他の部下から指摘されたこともあり、改めて勘違いされないよう、自分を律して通常の距離を保つよう反省したこともありました。

いずれにしても、上司と部下との関係は、デリケートな問題になり得ることは間違いないのです。絶えず距離感に注意して経営に当たることが重要なのです。

■凡人の熱意は、エリートの才能を上回る

【要点】

・熱意は、事業成功条件の最上位の一つである。

・如何に才能があろうが、知識があろうが、取り組む熱意（意欲）が欠けていたなら知恵も生まれず事業は成功するはずがない。人生の差は、熱意の差でもあり、熱意の差は、事業成功のバロメーターでもある。

【解説】

「凡人の熱意は、エリートの才能を上回る」。この言葉は、あの有名な経営の神様と言われている松下幸之助の言葉である。熱意、つまり情熱や、やる気は、事業を成功に導く条件の最も重要な一つとして挙げています。この言葉は、熱意の大事さを端的に表している言葉と言えます。

私の大好きな言葉の一つで、現役時代は、企画業務の担当の人選をする時、また人事評価する時などの大きな要素としていました。

また、取引先の見極めでも、特に二代目、三代目の後継者、経営者の人物評価でも、計数に表れない評価の一つのポイントとしていました。

今申し上げたように、如何に知識があっても、熱意に欠けた事業への取り組みでは、やらせ感が先に出て、本当の知恵が生まれず、成功するわけがありません。また、取り組んだ結果も大きく差がでるものです。

また、中国の古典の「四書」（論語、孟子、中庸、大学）の一つに「大学」がありますこの「大学」は、四書の中でも、先ず第一に学ぶべきものとされているものです。

あの聖人、二宮尊徳が少年のころ薪を背負い、読んでいる書物が「大学」です。この書物は、修己治人の代表的なもので私の愛読書の一つで、企業経営にも大いに役立つものと思っています。

この書物の中に「心ここに在らざれば、視《み》れども見えず、聴けども聞こえず、食《く》らえども、その味《あじわい》しらず」。という一節があります。これは、「心、すなわち気持ちが入っていなければ、ことの本質は、見えないし、その他のこともわかりませんよ」と言うことです。置き換えれば熱意がなければ何もできませんと言うことなのです。

また、同じ中国の古典の「論語」にも似たような言葉として「之を知るものは、之を好む者に如《し》かず、之を好む者は、之を楽しむ者に如《し》かず」という言葉があります。

この言葉も、知識、才能よりも、楽しんだり、好きで主体的に取り組んでいる人には、敵《かな》いませんということなのです。

まさに、才能は、いわゆるエリートには見劣りしても、物事に興味すなわち熱意があれば、本当の知恵がわき、評価される仕事を成し遂げる可能性は大きいのです。才能が有っても、この熱意に欠ければ、小さい事業さえも成し遂げることはできません。

この考え方、視点は人の採用にも通用することなのです。学校の成績だけでなく、多面的に評価する必要があるのです。

最近は、ＡＩ（人工知能）が流行《はや》っていますが、人事採用まで導入されています。この手法をすべて反対するわけではありませんが、とりわけ中小企業においては、本当に将来会社の戦力となる人を、これで選べるでしょうか。

答えはできないと思います。もちろん一定の知識、才能は採用条件の一つですが、本物の人物を選び、採用するには、直接面接し、経営者が応募者の考え方、姿勢（誠実性）、とりわけ、その人物の「熱」の度合いを見極めて判断すべきではないでしょうか。

それには、最低限、最終判定は人が面接して判断すべきであると考えています。本人のこれまでの苦労の度合いを知り、その考え方、生い立ち、意気込みなど直接会って、空気感を得なければ、正しい判断はできないのではないかと思っています。人材は、会社の最も大事な財産です。生かすも殺すも人次第です。

中小企業においては、応募人材は一定の限界があります。大企業と違って優秀な人ばかり採用できません。経営者自ら、大事な業務として、凡人の中からエリートの才能を上回る熱意ある凡人を如何に採用できるかで、企業の将来の成長を約束できるのです。

■人材育成は匙《さじ》を投げないことが大事

【要点】

・人材育成の問題は、大半が研修する側＝会社側にある。
・オンザ・ジョブ・トレーニングは個々人に合わせた最適な研修方法である。
・苦労して育てた人間が意外と大成するものである。

【解説】

「匙《さじ》を投げる」とは、打つ手がなく、万策尽きた諦《あきら》めの気持ちを表した言葉です。調べてみたら、もともとの語源は、江戸時代には手術をすることはほとんどなく薬の力で大半の病気を治していたのです。医者が病気に合う薬を調合するための匙を「薬《やく》匙《さじ》」と言っていましたが、どんな調合をしても病気を治す薬が見つからず、調合するための薬匙《やくさじ》を放り投げてしまったことを比喩《ひゆ》して「匙を投げる」の言葉が生まれましたと言うことらしいです。

しかし、どんな社員でも育成にあたっては、育成方法がなく、諦めてこういった匙を投げるようなことはありませんし、絶対投げてはならないのです。人材は会社にとっての最大の財産であるからこそ、役員等できちんと面接して経営理念にあった人間を採用したのです。

人によって育つまでに時間がかかる場合もあり、当然、育成時間には人によって育つ時間には差があります。遅れても間違いなく育ち、いずれの日か会社にとってなくてはならない会社の戦力となるのです。匙を投げたくなるような苦労して育てた人間、クセのある人間が意外と大成するものです。人材育成の問題は、多くは研修する側にあるのです。

人材育成は、オンザ・ジョブ・トレーニング（ＯＪＴ）が原則ですが、これは実際の現場で、実務を体験させながら仕事を覚えてもらう人材育成の方法です。現場での実体験の研修で生きた研修となり集団研修とは違い、現場で個々人に合わせて仕事に必要なサービス（顧客対応）とビジネス（事務等作業対応）を覚えさせる手法で、仕事の面白さ、難しさを体験でき、戦力化には最も効果的で最適な研修方法であると私は認識しています。

しかし、実際には問題も多くあるのも事実です。研修を受ける側（以下　研修者）、研修を実施する側（以下指導者）で様々な課題があるのです。研修者としての問題は、実社会での経験がないか、少ないことから現場での研修を通じた顧客サービス、生産現場での思った以上の厳しさ等に戸惑い、ストレスが増大し、その耐性への問題の発生です。

ストレスの発生の問題は、指導者自身も担当業務を処理しながらの研修であるため、研修者がやや受け身の場合、業務中の指導者への気兼ねや遠慮によるコミュニケーション不足が起きている場合で業務について質問しづらいことから起こるものです。研修者の性格をよく理解し指導者が主体的に研修者に質問等投げかけての指導、理解状況を確認しながら研修していくことが必要です。

二つ目は、指導者の問題ですが、一つは、日常の業務負担の問題です。業務をこなしながら教え込む負担感が意外と重く、研修がお座なりになりやすいと言うことです。もう一つは、指導者の力量の問題です。将来の会社の戦力になる人間を育てるという認識の低さです。

いずれにしても、研修者は、不安な環境下での研修となりますので、受け身になるのは当たり前です。人材育成の問題解決は、研修を実施する側が積極的に関与して解決しなければならないのです。

従って、人が育たないと言うことは、会社側に問題点があると認識して、研修する側＝会社側の問題点を検証して、研修者との意見交換を通じ理解を得ながら、場合によっては、計画を修正し、実現可能な研修にして、研修者と指導者との信頼関係を再構築して、匙を投げず、繰り返し、繰り返しの指導することなのです。

ＯＪＴで参考になるのが近江商人の奉公人（社員）の育成方法です。近江商人が商売の基本姿勢としていたものは、「売り手よし、買い手よし、世間よし」の「三方良し」と言われています。つまり、お客様のことを考えると同様に、社会のことも考えて商売することが、結果として企業の永続的な繁栄をもたらすという考え方なのです。

その前提として日常の仕事の中（ＯＪＴ）で徹底的に奉公人（社員）に教え込んだのが、「始末」、「才覚」、「算用」の三つの能力を育成をすることを目的とし、単に知識だけでなかったと言われています。

「始末」とは、商売の帳尻が合うようコスト意識を叩き込み、無駄を省いて節約を徹底することです。「才覚」とは、仕事にあたって創意工夫（知恵）を絶えず働かせて業務改善、経営革新をしていくことです。「算用」とは、すべての取引で採算を確保するよう意識し、絶対に赤字にしない商売をすると言うことです。これらを教え込むのは、ＯＪＴの中でしかできないのです。

この育成方法を実践して、社員を現場で育成することを重視したのが松下幸之助です。

■薩摩藩の挑戦者を称《たた》える「薩摩の教え・男の順序」に見る人の評価

【要点】

・経営者としては、何といっても挑戦する人が欲しいのです。
・そのために経営者は、失敗しても評価してあげる環境を整えることである。

【解説】

「薩摩の教え・男の順序」とは、江戸時代に薩摩藩（鹿児島県）の島津家に伝わる武士の五段階での評価の教えと言われていますが、誰の言った言葉なのか出典は、不明でどうもはっきりしていないようです。

この人の評価の物差しに初めて出会ったのは、あるセミナーでの某大学の陸上部監督の講演でした。特に薩摩藩の「薩摩の教え・男の順序」と特段、断りもなく話していましたので、この監督独自の人を見る物差しと思い、流石《さすが》だと思っていました。

しかし最近、今申し上げました江戸時代に薩摩藩に言い伝えられている人の評価基準と分かり、少しがっかりしましたが、経緯はともかく現代でも十分通じることから紹介することとしました。

この評価すべき男（武士）の評価の順序は、次のとおりですが一番高い評価から、最も低い五番までの五段階で評価するとなっています。

一、何かに挑戦し、成功した者
二、何かに挑戦し、失敗した者
三、自ら挑戦しなかったが、挑戦した人の手助けをした者
四、何もしなかった者
五、何もせず、批判だけしている者

この評価基準は、企業の幹部研修にもよく取り上げられていると聞いていますが、一つ一つ左記に簡単なコメントを申し上げます。

一、何かに挑戦し、成功した者…一番高い評価

最上位の評価というのは、何かに挑戦し、なおかつ成功した者と言うことで、これはその通りだと思います。

挑戦する内容の軽重にもよりますが、なかなか新しいことに挑戦するということは、腰が引けたり、重くなるものです。

二、何かに挑戦し、失敗した者…二番目に高い評価

評価の二番目は、何かに挑戦して、失敗した者ですが、挑戦したこと自体を評価するもので挑戦したことに意義があるので一定の評価はできます。この辺は、どれだけ準備して挑戦したかも考慮する必要があり、議論のある所だと思います。

三、自ら挑戦しなかったが、挑戦した人の手助けをした者…三番目に高い評価

自分は挑戦するだけの能力とか勇気に自信は無く躊躇する場合でも、逃げず、傍観するだけでなく、挑戦者を何らかの方法で手助けしたと言うのは評価できることです。とくに企業としては、チームワークを重く見ることから一定の評価はできると思います。

四、何もしなかった者…四番目の評価

五段階中四番目の評価が、何もしなかった者。これは低い評価ですが、社員と経営

者では、少し異なると思います。日常のルーチンワークをきちんと問題なくこなしていれば、「仕事をした」と大半の社員は認識していると思いますが、経営者から見ると、「何もしていない」評価になるのです。

この違いは、新しい仕事、難度の高い仕事をどれだけ積極的に、こなしたかが評価の分かれ目だと思います。

五、何もせず、批判だけしている者…五番目の最低評価

担当の業務のルーチンワークもきちんと出来ず、何かにつけて、あら探しをして、批判一流の傍観者（評論家）に該当すると思いますが、経営者から見れば、新しいことに後ろ向き、あるいは否定的で足を引っ張るような、最も嫌う人間で当然だと思います。

■良い習慣は、才能を超える

【要点】

・社員に良いことを習慣づけることは、仕事の成果を挙げる近道である。
・ただし、良いことを習慣づけるには、心を変える強い意志と行動を変える覚悟が必要です。

【解説】


「良い習慣は、才能を超える」。この言葉は、東レ経営研究所の社長を務めた佐々木常夫さんの名言です。

しかし、良い習慣を身につけ、習慣づけるのは、そう易しいことではないのです。良いことと思って始めても、続かず途中でダメになることがほとんどなのです。

要は、「言うは易《やす》く、行うは難《がた》し」なので、如何にして、止めずに続けることができるかが、ポイントなのです。

そのノウハウとしては、一つには、始めるための何らかの必要性を認めるものとして、自ら主体的に受け入れる機会がなければなりません。

そして始めたら、それを続ける本人の強い意志がなければなりませんが、これは簡単なことではありません。止めずに続ける強い意志を持ち続けるために、見守ってくれる誰か（第三者）が必要なのです。

これには、難しいことよりも、先ず明日からでもできる簡単な日常の身の回りのことから習慣づけるのも、長く続けることです。

私は、五十八歳の時に、ある持病を手術することとなり二週間程入院しました。その時、主治医から三十年近く喫煙していたタバコを入院中は止めてくださいと言われました。

また、「できればこれを機会に、退院後もタバコを止めたらどうですか」と言われました。これは強制ではありませんが、毎年の成人病検査でも指摘されていたこともあり、妻からも強く勧められて禁煙することにしました。

退院後は、半年ほど月一回の通院が必要で、隠れて喫煙しても、喫煙者の息は独特の臭いがするので、喫煙していれば、直ぐわかるものです。

そんなことから、この時に始めた禁煙を今日まで十三年になりますが続いています。

今では、喫煙者がそばに来ると、あの独特のタバコの臭いがたまらなく嫌いになるほどです。

また、今は、現役を退いたので、自分の健康改善、維持を目的に習慣化しています。特に年齢も高いこともあり血糖値と血圧が少し高く、改善策としてラジオ体操とウォーキングは毎日続けています。どちらも十年以上になり習慣化しています。

また、生活がダレないように、毎日の予定を事前に決めて、計画的に過ごしています。毎年四月に、翌年度の一年間の日別、時間別予定表を作成しています。三日を一枚の紙にして、一日は、一時間単位で計画化しています。

年度初に一年分を作成します。決まっている定例行事などは作成時に予め書き込んでおきます。毎日の必須事項として、事前に印刷してあるものは、天気、起床時の検温、体重、午前中はラジオ体操、ウォーキングで実施時間は空白として、実施後に毎日書き込んでいます。

また、月末週には、翌月の行事を書き込んでおき、大事な行事は、忘れないようにしています。

そして週末に、翌週の計画をチェックし、計画に余裕があれば、新たな計画を追加していったり、まだ余裕があれば、読書、油絵の作成、録画したＶＴＲを視聴したりします。また、整理事項など、普段できない行事をはめ込んでいきます。

計画をきちんと消化するためのコツは、急な用事も出てきますので、びっしりは計画しないことです。六割か七割程度にしておくことが続くコツだと思っています。

現役時、今のようにリタイア時ともに毎日をルーチン化していくことによる最大の成果は、仕事についても、私生活においても場当たり的でなく対応でき、時間の余裕が出てきて、取りこぼしがなく毎日が充実することです。また忘れることもあり、「記憶よりも記録」で事前に記録しておくことは大事です。

本当に良い習慣を身に付けると自分の充実した生活が実感でき、またそれが苦しいことではなく、自然とでき心地よいものであることが分かります。

■残業の恒常化は非効率の放置と積み上げ

【要点】

・残業は生産性を挙げず、仕事（業務）の改善も生まない。
・残業は、悪であり、よい残業はないことを社内に徹底する。

【解説】

残業の恒常化が起こっている企業、有給休暇の未消化が起こっている企業は、潜在的に社員の士気を低下していると言えます。

問題は、一時間、二時間の時間外勤務は、どこの企業も、きちんと残業は申告し、つけているのです。しかし、これが二十分〜三十分の時間外勤務となると、きちんと申告して、つけているかどうかは疑問となります。本音を言えば、申告しづらいのではないかと思います。何故なら社員の問題としての付き合い残業、ダラダラ残業があるからです。

企業の側にも問題はあるのですが、二十分位の場合、本音として本人の業務対応の問題もあるので、この程度の時間は、業務処理能力と意識を変えれば、定時退社は可能なのです。

自分に問題があろうがなかろうが、内容はともあれ、たとえ二十分でも残業は残業なので申告すべきですが、これが恒常化している場合、少しでも本人にも問題があることを認識していることから申告しないことも、かなりあると思います。

そうは言っても、残業に変わりはないのですから、毎日定時に帰れないとなると、生産性は低下し、不満も少なからずあり士気は低下していくのは事実です。

残業の問題は、トップ自ら実情を把握して改善に努めなければなりません。残業の削減、改善で参考となるのが、パーキンソンの第一法則です。

パーキンソンの法則は、イギリスの歴史・政治学者であるパーキンソンが、その著書『パーキンソンの法則』の中で、イギリスの行政組織を研究して導き出した法則です。このパーキンソンの法則には、第一法則と第二法則があります。

・第一法則は、仕事の量は、完成のために与えられた時間を全て満たすまで膨張する。
・第二法則は、支出の額は、収入の額に達するまで膨張する。

この第一法則が、今申し上げている残業の問題に結びつくのです。つまり、仕事の量が減れば、常識的には、その仕事にかかる時間も少なくなるのが一般的なことですが、実態は、そうはならないのです。毎日午後五時三十分を仕事の終了として習慣化している人は、仕事の量にかかわらず、定時の午後五時でなく午後五時三十分まで仕事をして終えようとする傾向があるのです。つまり残業の常態化が起こっているのです。

実態を見て、責任者に残業の原因と削減に向けた対策の対応策を依頼すると、出てくる責任者の答えは、おおよそ、次の二つなのです。

一つ目は、現在の担当者数に比して仕事量が多い。

二つ目は、繁忙日と通常日の仕事量の差があり、繁忙日に合わせた人員がいない。

このことに対して、パーキンソンの法則では、単に人員を増やしても、残業はなくならず、定時退社は実現しないと言うこととなるのです。考えてみれば心当たりがあるのではないでしょうか。

残業は、仕事の内容によって必要ですが、内容を見てみると、付き合い残業とダラダラ残業が多いのです。トップ自ら業務の内容を分析したものを見直し、必要な時間を設定して実施してみることが解決には必要となってくるのです。そして、最終的には、デッドラインを決めて臨むことがポイントであると考えています。

多くのルーチンの仕事は、計画化すること、業務ごとの時間を決めることで三分の一位は削減できるものです。

私も役員、関連会社の社長時には毎日、仕事を計画化していましたが、最低でも三割は削減出来ました。また会議では、最長一時間とし、事前の資料配付を義務付けた結果、資料の説明を省略でき、内容見直しと、時間の削減で回数も二割程度削減出来ています。

因みに、第二法則についても参考に概要を申し上げますと、英国は、植民地が減っているにもかかわらず、予算も、人も減らないことから、予算と人員のムダを第二法則として発見したのです。

これを企業に当てはめると、業務内容と人員規模、予算規模を絶えず見直し、予算と人員のムダを定期的に、絶えず検証する必要があるのです。部門に任せず、トップ自らの関与がなければ本当の見直しは、なかなかできないのです。

一方、注意しなければならないのは、恒常的残業回避のため、つじつま合わせで、おとなしい文句を言わない特定の社員、入社年数の浅い社員に仕事を押し付けるような状況には、十分注意しなければならないのです。

■計画と整理・整頓は行動の原点

【要点】

・人間は、計画的な活動と整理・整頓が基本的に苦手である。
・計画と整理・整頓を徹底し克服することが人材育成の基本となる。
・トップ自ら計画的行動、整理・整頓を実践し手本として見せる必要がある。

【解説】

企業は、基本的には最小限の活動で最大限の成果を挙げることが求められています。この基本原則を実現するための背景にあるのが計画であり、計画を効率的に、効果的に実現するための前提が整理、整頓の実施状況となります。

この計画と整理、整頓は、極めて深い関係にあるのです。この整理、整頓に清掃、清潔、躾《しつけ》の五項目を五S活動、あるいは運動として行っている企業も多くあります。

この目的は、働きやすい安心、安全な職場環境への整備、残業削減、在庫削減、その他経費などのコスト削減に結びつけ、業務効率を挙げることにあります。さらに、サービス、商品の質の改善、顧客満足度の向上にも資することになるのです。また、企業を挙げて取り組むことで社員間の一体感やコミュニケーションの向上が生まれ、まさに風通しの良い社風の醸成にもつながることになるのです。

整理、整頓以外の清掃、清潔、躾《しつけ》の三Sも大事ですが、ここでは、計画との関係で整理、整頓の二つについて押さえることとします。

先ず整理ですが、整理とは、見た目できれいに、きちんとすることはもちろんですが、ポイントは、不要なものを捨てることです。つまり不要なものを捨てて整理された状態です。この不要なものを捨てる定義は、ただ捨てるだけでなく、例えば、ボールペンは一人一本に限るとかの必要最小限の保持も含めたことでもあり、整理に対する社内のルール付けが必要となってきます。また、見えるものばかりでなく、パソコン、サーバー内のデータ、メールの整理等、見えないものも当然対象となります。

整頓は、整理を一歩進めて、必要な時に必要なものを誰でも、直ぐに取り出しできるようにしておくことです。そのためには、見つけやすく、取り出しやすいようにインデックス表示、場所決め等のルール付けをしておく必要があるのです。

整理・整頓は、業務運営において大事なことであり、その重要性は、誰でも説明しなくても分かっていることです。しかし色々チャレンジしてもなかなかうまく出来ないし、定着しないのが現実なのです。

本来、人間は楽な方に流れるとともに、いらないと思っていても人それぞれで、思うように捨てることが出来ないのです。つまり、整理・整頓は苦手なのです。

定着させるためには、このことを理解したうえで、きちんとルールを定めて進める必要があります。人によって意識の差があり、意外と難しく定着しづらいことなので、社内の全てについて全方位で整理、整頓を初めからしようとしないことです。

多分すべての項目を整理、整頓しようとしたらすべてが中途半端でダメになり、続かないと思います。

以前に申し上げたように、五つに一つくらいに的を絞って欲張らず整理、整頓を推進すれば定着化し、徹底することです。

整理、整頓の必要性のある重要な事項について部門別に抽出し優先順位付けし、実施項目を限定し、かつ責任者を明確化し、張り紙等で明示して開始するとともに、トップ自ら関心を持ち定期的に実態を見て回り、うまくいっている事項については、朝礼等で事あるごとに話題にし、関心度を絶えず社内に発信し続けることで、特によく整理、整頓できている事項については、具体的に褒めてあげることです。

また、計画に基づく業務対応の中での整理・整頓は、定着するのに時間がかかるものです。しかし、これは、人材育成の基本中の基本でもあり、社員が身につけなければならない事項の入口であり、出口なのです。

■生産性向上を遮《さえぎ》る二つの壁がある

【要点】

・社員は、自己保身として、自分の限界を自ら設定する傾向がある。
・壁には、生産性の壁と仕事の楽しさの壁の二つがある。
・生産性を挙げるには、二つの壁を取り除くことである。

【解説】

経営者にとって最大の使命は、会社の業績を伸ばし拡大することであります。その前提は、生産性向上を伴ったものでなければなりません。生産性とは、どれだけの資源（ヒト・モノ・カネ）を投入し、どれだけの成果（収益等）が得られたかと言うことです。つまり、最小限の投資で、最大限の成果を得るかと言うことです。

企業に求められるのは、この生産性の向上です。つまり投入した資源を最大限に有効活用し、より大きな成果を挙げることが求められているのです。

この生産性の向上は、単に収益を確保するだけでなく、様々な効果をもたらしますが、生産性を挙げるために二つの大きな壁があります。これをクリアしなければ本当の生産性向上にはつながりません。

【達成可能な範囲に目標設定】

壁の一つは、社員は自分の限界を自分で考えている傾向が強いのです。本当は能力からしてずっとずっと先に限界があるにもかかわらず達成可能な範囲に限界を作るものです。

生産性を上げるには、この考えを払拭することです。ポイントは、管理者は、このことが分かっても限界を一気に引き上げず、個々人の能力を見て少しずつ引き上げ、達成できることを自覚させて納得感を持たせたうえで設定することが大事です。

【仕事の楽しさを知らない壁】

もう一つは、仕事の楽しさの壁です。社員の多くは、「仕事は楽しくないもの」と勝手に考えて自分で壁を作っているものです。

実績の芳しくない社員に、他の社員の実績を示して叱咤激励するだけでは、内心反発を惹起し益々仕事が楽しくなくなることが多く、モチベーションの低下になるのです。経営者は一人一人がどうして仕事に打ち込めないのか、楽しくないのかといった「楽しくない壁」を把握し、壁を乗り越える知恵、活動を一緒に考えて、手を打つことです。

仕事の楽しさは、誰と一緒にするかで決まるものです。意外と、ウマの合う社員同士を組ませ仕事をさせることで、仕事の楽しさを知ることもあります。人間関係は仕事の上で大きく影響しているのです。

生産性向上を目指す上では、以上の二つの壁を注視して、継続的に壁を取り除かなければなりません。壁を取り除くにあたっては、会社にとっての生産性向上の意義だけでなく、社員にとっての意義（メリット）も示す必要があります。

【生産性向上が社員に実感をもたらす】

社員にとっては、残業時間が減り、有給休暇の取得日数の増加です。私は、ワークフローの見直し、活動の見直し等で、残業意識の改革（定時退社の罪悪感排除）、有給休暇の三カ月間事前計画による毎月全員取得などで、残業時間と有給休暇取得で目に見える効果を挙げることができました。今言われている「ワークライフバランス」や「働き方改革」の面で大きな成果を発揮できたと自負しています。特に女性社員の

郵便はがき

料金受取人払郵便

新宿局承認

7552

差出有効期間
2024年1月
31日まで
（切手不要）

1 6 0-8 7 9 1

141

東京都新宿区新宿1－10－1

(株)文芸社

愛読者カード係 行

ふりがな お名前			明治 大正 昭和 平成 年生 歳	
ふりがな ご住所	□□□-□□□□		性別 男・女	
お電話 番 号	（書籍ご注文の際に必要です）	ご職業		
E-mail				
ご購読雑誌（複数可）		ご購読新聞	新聞	

最近読んでおもしろかった本や今後、とりあげてほしいテーマをお教えください。

ご自分の研究成果や経験、お考え等を出版してみたいというお気持ちはありますか。

ある　ない　内容・テーマ（　　　　　　　　　　）

現在完成した作品をお持ちですか。

ある　ない　ジャンル・原稿量（　　　　　　　　　　）

書　名			
お買上 書　店	都道 府県　　　市区 郡	書店名	書店
		ご購入日	年　月　日

本書をどこでお知りになりましたか?
1.書店店頭　2.知人にすすめられて　3.インターネット(サイト名　　　)
4.DMハガキ　5.広告、記事を見て(新聞、雑誌名　　　)

上の質問に関連して、ご購入の決め手となったのは?
1.タイトル　2.著者　3.内容　4.カバーデザイン　5.帯
その他ご自由にお書きください。
(　　　)

本書についてのご意見、ご感想をお聞かせください。
①内容について

②カバー、タイトル、帯について

弊社Webサイトからもご意見、ご感想をお寄せいただけます。

ご協力ありがとうございました。
※お寄せいただいたご意見、ご感想は新聞広告等で匿名にて使わせていただくことがあります。
※お客様の個人情報は、小社からの連絡のみに使用します。社外に提供することは一切ありません。

モチベーション向上、出産後も退職せず長期雇用にもつながったと言えます。これには、経営が積極的に関与しなければ実現はしません。

第六章　先人の言行録に学ぶリーダーの心得

■松下幸之助の言葉　商売の心得

【要点】

・ビジネスマンの一番大事な心掛けは、人に愛されること。
・そのためには、商人の心得を理解し、私心をなくし勇気をもってあたること。
・上に立つ人の選定基準は運が強く、愛嬌のある人を選ぶのがよい。

【解説】

商人道にみるビジネス哲学

一、商人道の底流

ビジネスマンの大事な心掛けとは、「人に愛されること」である。人に愛されるためには、「自分から人を愛し、人のために尽くすこと」が何よりも大事である。

（社員に愛され、社員を愛し、会社、世間に尽くすこと）

二、「商人」の三つの心得

（一）商売の意義を理解

お客様に喜ばれ、役に立つことを、自分の使命、生きがいとして、心を込めて自分なりに工夫しながら熱心に進めていく。

そして、ちゃんと収支が成り立つ。これが商売の道であり、組織体の原点である。

（二）客の心を読む

お客様の心を読めなければだめ。心を読むのが必要なのは、政治家も教育者も同じ。一を聞いて十を知るのが商人である。

（三）客に頭を下げられる人

相手よりも頭が下がっていること。商人というのは、お客さんのために奉仕をする。だから頭が下がっていないと本当の商人ではない。

三、松下電器の企業発展の要因

事業の内容が時流に合っていたこと、いい人材が集まってくれたこと、理想を掲げて経営したことをはじめ、いろいろ述べているのですが、「何が正しいかを考え、勇気をもって経営したこと」を挙げている。

単に個人の損得でなく、お得意先のため、会社の将来のため、広く世間のためには、「何が正しいか」という社会正義に立脚して考え行動する中から、本物の強い経営が生まれてくるのです。

四、成功者と失敗者の違い

結局は、私心のあるなしによるのではないか。実はこの歳になっても私心が出てくるのです。会社のためにこうせねばいかんと思うことでも、自分のためにはこうせねばいかんという別の考え方が出てくる。…やっぱり欲望というものは、どうしたって消せないのです。だから自分は、今、私心と葛藤しているのです。…なかなか人間は垢抜けできないのです。…人間一人一人に課せられた永遠の課題なのです。

五、人物の選考基準

松下政経塾での選考基準を田原総一朗氏に質問されて、答えとして挙げたもの。

（一）運の強い人

（二）一通り勉強ができる人

（三）人の前で自分の意見をしっかり話せること
（四）愛嬌のある人（ユーモア）
（参考図書　ＰＨＰ文庫『松下幸之助　元気と勇気がわいてくる話』岩井虔《けん》著より）

■荻生徂徠の「九訓」にみる人の使い方

【要点】

・上に立つ人は、能力も性格も違う人をまとめて、組織、企業活動に最大限に活かすことである。

・優れたリーダーとは、企業活動の目的達成のために、個々人の様々な能力を結集して会社の目的を達成する効果的な人の使い方の出来る人です。

【解説】

世の中は能力も性格も違う人々の集まりです。企業も同じで、当たり前なのです。イエスマンばかり集めても、望む成果は得られません。

江戸時代の第八代将軍　徳川吉宗のご意見番で儒学者でもある荻生《おぎゅう》徂徠《そらい》（一六六六～一七二八）は「九訓」において人使いの要諦を遺《のこ》しました。今日の企業の経営において上に立つ者にとっては、大いに参考になり、役立つものと思っています。

一、人の長所を始めより知らんと求むべからず。
　人を用いて、始めて、長所の現はるるものなり。

（人の長所を始めから知ろうとしてはいけない。人と一緒に仕事をして、使ってみて始めて長所が現れるものである。事前の情報は参考にすることはよいが、先入観にとらわれることなく、人を使うことがポイントです）
二、人はその長所のみを取らば、即ち可なり。短所を知るを要せず。
（人はその長所のみをとればよい。短所を知る必要はない。長所だけ見ることはとても大切なことです。人は長所二割、短所八割と言われています。この八割に目をつぶれるかで、経営者の器量が試されます）
三、己《おのれ》が好みに合う者のみを用ふるなかれ。
（自分の好みに合う者だけを採用、登用するな。自分に注意してくれる人、違った意見、違った見方をしてくれる人も重要な人物なのです）
四、小過を咎《とが》める用なし。ただ事を大切になさば可なり。
（小さい過ちをとがめる必要はない。ただ仕事を大切にすればよいのだ）
五、用ふる上は、その事を十分にゆだぬべし。
（人を用いる上で、人を信頼して、その仕事を任せることである）

六、上にある者、下の者と才智をあらそふべからず。
（上にある者は、下の者と知識や才能を争ってはいけない）
七、人材は必ず一癖あるものなり。器材なるが故なり。癖《くせ》を捨つべからず。
（人は必ず一癖あるものである。それはその人が良いものを持っている器であるからである。癖をうまく活かし捨てる必要はない。才能のある人物は、一般に癖や個性が強いものであり、このように人をうまく使えるかが上に立つ人の力量でもある）
八、かくして、上手に人を用うれば事に適し、時に応ずる人物、必ずこれにあり。
（以上のように、うまく人を用いれば、仕事を的確に処理でき、その時々にうまく対応できる人物は必ずいるものである。できる人を採用することも大事であるが、できる人に育てることは、もっと大事である）
九、小事を気にせず、流れる雲のごとし。
（些細《ささい》なことに振り回されず、また気にせず、青空を行くはぐれ雲のように、自分らしい生き方をすることです）

企業の上に立つものとして、大事なことは、社員を適材適所に配置して、個々人の持っている様々な能力を最大限に引き出し、それを結集して会社の目的を達成することにあります。これを上に立って効果的にできる者が優れたリーダーなのです。そのために上に立つ者は、人を良く見て、上手《うま》く使い、育てていくことが大事なのです。これができてはじめて名リーダーとして評価されるのです。

■松浦静山の「勝に不思議な勝あり」

【要点】

・成功から真の原因はつかみにくいものですが、失敗には運の悪さよりも、必ず失敗した原因がある。

・失敗をそのまま放置せず、失敗から学び、次に活かすことが、次の成功を導くことに通ずる。

【解説】

「勝ちに不思議な勝ちあり、負けに不思議な負けなし」。これはプロ野球の野村克也元監督（二〇二〇年没）の座右の銘として有名な語録です。新聞が野村克也氏の名言として紹介したことから、長年、この言葉は、野村克也氏が野球人生を通じて、会得した自らの語録と思っていました。

しかし、数年前にある雑誌を見ていたら、江戸時代の平戸藩主の松浦静山（一七六〇～一八四一年）の言葉であることが分かりました。それは、松浦静山が執筆した随筆集「甲子夜話《かっしやわ》」の一節であったのです。書き始めた年が甲子《きのえね》であったことから、「甲子夜話」と名付けたそうです。ただし、随筆名は「かっしやわ」と読むそうです。

この夜話は、彼が六十二歳の一八二一年から没するまで二十年間、二百七十八巻を書き残したものの中の一節です。

でも野村克也氏は、一般の人には知られていない、この難しい書物の一節にどうしてたどり着いたのかを考えると、勉強家であることに感心させられました。

その原文は、

「予曰《よいわ》く。勝に不思議の勝あり。負に不思議の負なし。
問《とう》、如何なれば不思議の勝と云う
曰く、道を遵《とうと》び術《じゅつ》を守《まもる》ときは、其心 必《かならず》勇《ゆう》ならずと雖も勝得る
是《この》心を顧《かえりみ》るときは 則《すなわち》 不思議とす　故《ゆえ》に曰《い》ふ
又問、如何なれば不思議の負なしと云ふ
曰、道に背《そむ》き術に違《たが》へれば、然るときは其負疑い無、故に爾云客乃《なんじいうきゃくの》伏《ふ》す」

これを現代語に訳してみると、

私は、「勝つときには不思議な勝ち方がある。しかし、負けるときには不思議な負

け方というものはないのです」と客に答えた。

客はさらに「どんな時に不思議な勝ち方があるのですか」とまた質問をしてきた。

私は、「本来の武道の道を尊重して教えられた技を忠実に守って戦えば、たとえ勇ましさが欠けていても勝つことができるのです。このときの心の状況を振り返ってみると、何で勝ったか不思議なのです」と答えた。

客は、「では、どうして負けには不思議の負けはないと言えるのでしょうか」と、また質問してきました。

私は、「本来の道から外れ、技を誤れば、負けるのは疑いの余地がないのです」と答えた。この私の答えに、客は平伏《ひれふ》したのです。

一方、中国の古典「戦国策」にも同じように「聖人のことを制するや、禍《わざわい》を転じて福となし、敗によって功《こう》と為す」という言葉があります。このことも、禍を福に転じ、失敗の経験を活かして成功に結びつけるのです。

成功からでも、その要因はつかめるのですが、その成功には運もかなりあるのです。つまり偶然に成功することもあり真の原因はつかみにくいものです。

失敗には運の悪さよりも、そこには間違いなく原因があるのです。失敗してただ落胆するのではなく、事実を謙虚に受け止め、なぜそのようになったのか、冷静に見直すことが、同じ失敗を繰り返さないためにも必要なのです。

このようなことから、事業をするうえでも終了後、あるいは途中で、実績、やり方を総括し課題を洗い出すとともに、対策を講じることは絶対必要なのです。

■武田信玄の「正範語録」にみる人心掌握術

【要点】

・責任回避の排除、見て見ぬふりをさせず。
・業績は責任感と相関関係にある。

【解説】

私が現役であったとき、好きな語録として、いつも手帳に書き留めておいた、いくつかの好きな言葉の中の一つとして、左記の武田信玄の「正範語録《せいはんごろく》」があります。ご存知の通り武田信玄は一五二一〜一五七三年に生きた戦国時代の武将、甲斐の守護大名です。

この語録は作者不詳という説もあり、またアレンジしたとも言われていますが、いずれにしてもこの語録を知ったのは、二十数年ほど前に取引先を訪問した際に、ある取引先の社長室の応接室に掲げてあったものですが、「いい言葉だな」と心に響き、書き留めておきました。

実力の差は　努力の差
実績の差は　責任感の差
人格の差は　苦労の差
判断力の差は　情報の差

その後、武田信玄について、いろいろ調べたところ、もっと長い語録であることが分かりました。それが左記の語録です。

実力の差は　努力の差
実績の差は　責任感の差
人格の差は　苦労の差
判断力の差は　情報の差
一生懸命だと　知恵が出る
中途半端だと　愚痴が出る

いい加減だと　言い訳が出る
本気でするから　大抵のことはできる
本気でするから　なんでも面白い
本気でするから　誰かが助けてくれる

さすが武田信玄だなと思いました。何故か、戦国の世に部下をまとめ、輝かしい戦歴を残して生き抜いた武将だからこそ人心掌握の要諦が詰まっているのです。厳しい中にも思いやりのある心に沁《し》みる言葉が詰まっています。

また、言葉に無駄がなく、今の企業運営に当てはめても、通ずるものばかりで、深く心を打つ言葉なのです。

その中でも、特にこの語録の中の「実力の差は、努力の差」と「実績の差は、責任感の差」の、二つの言葉が好きです。特に「実績の差は、責任感の差」はすべてに集約できるので好きな言葉です。

つまり、この語録の努力、苦労、情報、知恵、愚痴、言い訳も責任感の在りなしで克服できるのです。本気も責任感があれば、その気になれるのです。当然のこと、仕事にもすべて責任がついて回るのです。現実の企業での社員の実績の違いを見ても、この「責任感」の強さ如何にあるのではないかと言え、この言葉にまさに集約されているのです。

私は、急に挨拶など求められたときに、背広のポケットから手帳を出し、この言葉を申し上げて挨拶をさせていただいています。

■甲陽軍鑑に見る現代に通ずる武田信玄の強さの秘訣

【要点】

・大勝ちは奢りの気持ちが起こり、大負けに通ずることが多い。
・最大の関心事は如何にして適材適所の人事配置ができるかである。
・イエスマンばかりを使うと、組織はよくならない。

【解説】


甲斐の戦国大名で有名な武田信玄の戦略・戦術を記した軍学書に「甲陽軍鑑《こうようぐんかん》」というものがあります。この書物についての真偽についていろいろな意見はあるものの武田信玄の人物像など知るには、この書物以外にないのも事実です。

歴史学者の小和田哲男氏が『甲陽軍鑑入門』を通して、分かりやすく解説していますが、経営にも参考になる武田信玄の名言をいくつか申し上げたいと思います。

第一番目は、戦での一番良い勝ち方についてですが、それは完勝でなく「七分の勝ち」であると言っています。

「信玄公おほせらるるは、『弓矢の儀、勝負の事、十分を六分七分の勝ちは十分の勝ちなり』とお定なされ候。中にも大合戦《おおがっせん》はなお更右の通り肝要也。子細は、『八分の勝ちは危うし、九分十分の勝ちは味方大負け下つくり也』との儀也」（巻十三　合戦の巻四）と、合戦は、六分か七分の勝ち方が最も良いと言っています。「八分以上の勝ち方は、かえって危険で、九分の勝ちになってしまうと、それは見方が大負けする下地を作ることになると警告している。要するに信玄は、完勝してしまうと、その後、奢りの気持ちが生じ、その後で大敗を喫する要因になると考えていたのである」と言っています。

第二番目は、リーダーについて語ったものです。

武田信玄は戦国の世を生き抜いていくリーダーとしてどのような大将がいいかを、逆説的に国を滅ぼす大将として四つを挙げています。

「我が国を滅ぼし、我が家をやぶる大将は、四人まします。第一番には、馬鹿なる大将、第二番は、利根《りこん》すぎる大将、第三番に臆病なる大将、第四番に強すぎる大将、是をさたしては、ふた大将となる」と言っています。

一番目、二番はさておき、二番目の「利根すぎる大将」では、「計算高くなってしまい、国を大きくするどころか、かえって国を滅ぼしてしまうと言う」ことです。また、四番目の「強すぎる大将」は、「自信過剰気味で、家臣たちの諫言《かんげん》に耳を傾けなくなるので、かえって身を滅ぼしている」と言うことです。

「戦国武将としての最大の関心事は、いかにして家臣を使うかであった。……現代的な言い方をすれば、適材適所の人事配置ということになろう」と言うことです。

第三は、イエスマンばかりを使うなと言うことです。

「国持つ大将、人を使うに一向《ひとむ》きの侍をすき候て、其の崇敬する者共、同じ行儀作法の人計り、念比《ねんごろ》してめしつかう事、信玄は大きにきらうたり。…一つ気質《かたぎ》を好むのは、国持ちの非儀《ひぎ》ならん」と言うことです。「一向」とは、同じ方向を見ると言う意味で、同じ考え方と言うことです。「非儀」とは、道理に適っていないと言うことです。「信玄は、同じ考え方を持っているものばかりを、周りに置くことは嫌いだ」と言っていたことが分かります。「あまり意見対立のなさそうな部下で周りを固めると言うことになるが、信玄は『それはダメだと』といっている。要するに今風に言えば、イエスマンばかりでかためては、組織はよくならないと言う考え方である」と言っています。

今申し上げたことからも、戦国時代に活躍した武将の一人の武田信玄は、生涯で七〇回以上の合戦を行ったと言われていますが、負けたのはわずか三回と言われています。同時代を生きた戦国武将の織田信長でさえ武田信玄の強さを恐れていたと、宣教師のルイス・フロイスは記録に残しているのです。その武田信玄の「負けない戦」をする考え方、戦略は、現代の企業経営者にも通ずるものが多々あるものと思っています。

■曽国藩の「座右の銘」としての「四耐四不訣《したいしふけつ》」

【要点】

・トップは冷たさ、孤独を覚悟してあたる。
・部下と変な競争をせず、言いなりにならず、つまらない事にも腹を立てない。
・沈着冷静さが求められる。

【解説】

上に立つ者、あるいは経営者の心得として参考になる言葉として、私の心に沁《し》み、好きな言葉があります。中国清朝時代末期の軍人であり政治家で陽明学者でもあった曽国藩《そうこくはん》が座右の銘としていた素晴らしい言葉です。

私が本部のシステム関係の部長になったときに、非常に感銘を受けた言葉でありますので紹介させていただきます。

それは、「四耐四不訣《したいしふけつ》」と言われ、上に立つものとして事を成すためには、四つのことに耐え、そして四つのしてはならない振る舞いを自戒として事を成せとする言葉です。

曽国藩は、この「四耐四不訣」に言われていることを守って初めてトップとしての責務を務めることができるとしているのです。因みに「訣」とは極意と言う意味です。また、この言葉は部下育成の言葉としても大いに役立つものと思っています。是非、社員研修等で活用していただきたいと思っています。

この言葉を最初に紹介したのは、東洋哲学者の安岡正篤《まさひろ》氏です。上に立つ者、あるいは経営者の心得として簡潔に言い当てています。是非、経営の中に活かしていただければ大変役に立つ言葉と思っています。

《四つの耐えること》

冷に耐える　周囲は、冷たいが、この冷遇に耐えること

苦に耐える　人生は苦しみの連続であり、この苦しみに耐えること

煩《はん》に耐える　人生は煩《わずら》わしいことの連続であり、この煩わしさに耐えること

閑《かん》に耐える　閑職に追いやられても、それにじっと耐えうること

《四つのしてはならないこと》

激《げき》せず　つまらないことに腹を立てないこと
躁《さわ》がず　調子が良くても、いたずらにはしゃがない
競《きそ》わず　地位や出世などでいたずらに競わない
随《したが》わず　言いなりになってはいけない
以て事を成す　以上の事を守って責務を果たすことができる

と言うことです。

私は、本部で二ヶ所目の部長としてシステム共同化のため、他行のシステム統合への統括責任者として事務部長の辞令を五十二歳の時に受けました。（当時は、システム部門と事務部門が事務部として統合）

銀行でのそれまでの業務経験は、営業店と本部での営業推進部門がその大半でありシステム経験は全くありませんでした。

では何故、そんな大役を任されたかといいますと、パソコンが出始めの一九八七年頃パソコンが趣味で銀行内で少しパソコンに精通し、その後、本部で営業支援システム（サブシステム）など構築したことで、どうも事務部（事務、システム部門）部長の辞令を受けたようです。

辞令を受けたときの本音は、どうしたらいいか大変困惑しました。いざ着任してみて感じたことは、この四耐の通りです。

ほとんど誰もお手並み拝見で聞かなければ教えてくれません、しかし聞くこと自体が分からないのです。まさに「冷」です。着任一年は、分からないことばかりで「苦」と「煩」の連続でした。多少システム移行までに時間もありましたので、本を買ってきて専門用語等、当行のシステム構成などコツコツ勉強しり、システム委託会社からのレクチャーをお願いし受けたり、他行のシステム部長の教えを乞うたり、お金は大分かかりましたが外部システム監査の導入などで、移行に向けた課題など少しずつ見えてきました。

この苦しい時、部下の言いなりにならず、つまらない事にも腹を立てず、変に競わず、部下の協力を得て、何とか乗り越え、無事に着任から五年後に計画通り基幹システムをカットオーバー（新しく開発したシステムが稼働すること）することができました。

この部長時代に、この言葉は、本当に生きた言葉として支えてくれました。今でも、この言葉にふれると、一つ一つの言葉と、当時システム移行時の現場の風景が甦《よみがえ》ってきて、何年経っても心に沁みてきます。

人生の最後まで、この言葉を胸にどんな状態に置かれても冷静沈着さを失わず、どんな困難にも耐え抜く忍耐力を失うことなく、本当の強さを、身につけていたいと思っています。

■徳川家康の経営者に伝えたい「大将の戒め」による心構え

【要点】

・トップは頑張っている姿勢、態度、行動、言葉など全てで謙虚さが部下に自然に伝わるように行動する。
・部下には、なんとか力になろうと思いを伝え、相互の信頼の絆の構築に努める。
・経営者は部下が惚れるような存在にならなければならない。

【解説】

一般に徳川家康の理念や生き方を示したものとして「人の一生は重荷《おもに》を負《お》て遠き道をゆくが如し、いそぐべからず」ではじまるものとして「東照宮御遺訓《とうしょうぐうごいくん》」があります。これとは別に、意外と知られていないトップの経営者や管理者に是非伝えたい徳川家康の遺訓として「大将の戒め」があるのです。

とくに組織での大きな権限を持ち、地位がある人にとって、驕りや部下への対処について示唆に富む大変参考になるものと思います。

東照宮御遺訓は、秀忠（二代将軍）、家光（三代将軍）に伝えた幕府運営の心構えと言われ、初期のものですが、こちらは晩年（元和二年（一六一六年）六月）に書き残したものと言われています。

戦国の世の数々の修羅場を生き抜いた波乱万丈の生涯と二百五十年という長期安定政権の礎《いしずえ》を築いた家康晩年の含蓄ある集大成の言葉と言えるかと思います。

『大将の戒め』

大将というものは
敬《うやま》われているようで
その家来に絶えず、その落ち度を探《さぐ》られている
恐《おそ》れられているようで侮《あなど》られている
親しまれているようで疎《うと》んじられている
好かれているようで憎《にく》まれている

家来から見た大将の真の姿
①尊敬なんかされていない
②落ち度を見られている
③嫌われている

大将というものは
絶えず勉強せねばならぬし

礼儀もわきまえなければならぬ
良い家来を持とうと思うなら、我が食を減らしても
家来に
ひもじい思いをさせてはならない
自分一人では何もできない
これが三十年つくづく思い知らされた家康の経験である

家来というものは
禄でつないではならない
機嫌を取ってはならない
遠ざけてはならない
近づけてはならない
怒らせてはならない
油断させてはならない

ではどうすればよいか

↑

大将自らの心構え
(対処法)
①自らの勉強
②自らの礼儀
③家来の生活維持

↑

家来への対処の仕方
①お金で機嫌を取り甘やかしてはいけない
②遠ざけても、近づけてもいけない
③怒らせたり、いい気にさせてもいけない

家来に惚《ほ》れさせねばならない

以上ですが、これを読み終わって、トップとして経営に大きなヒントを得て、今日からの経営に自信が出たのではないでしょうか。

どうか、頑張っている姿勢、態度、行動、言葉が部下に自然に伝わり、部下がなんとか会社の、あるいはトップの力になろうと思わせ、相互の信頼の絆が生まれ、部下を惚れさせる経営者になることを願っています。

■山本五十六から授かる人材育成の要諦

【要点】

・人材育成は、ＯＪＴが原則。

・繰り返し、繰り返し指導することが大事。意外と苦労して育てた人間が大成するものである。

【解説】

ＯＪＴとは、今更説明するまでもないと思いますが、オンザ・ジョブ・トレーニング（On the Job Training）の略です。現場において、実際の仕事を通じて上司や先輩社員が指導する研修方法であります。実務を通じて研修することから効果的で即戦力には、好都合な研修と言われています。

これは研修の基本と言われ、業務習得を早め、効果を挙げるには、特に指導者とのコミュニケーションが大事となります。そのためには、指導者の的確な業務指導による不安の解消やモチベーションをいかに高めるかにあります。

この人材育成につながる語録として、かの有名な山本五十六の言葉があります。ご覧ください。

やってみせ、言って聞かせて
させてみせ、褒めてやらねば
人は動かず
話し合い、耳を傾け、承認し
任せてやらねば、人は育たず
やっている、姿を感謝で見守って
信頼せねば人は実らず

非常に的確に人材育成を語っています。まさにこの言葉は、ＯＪＴの基本ステップを言い当てています。つまり、ＯＪＴの四つの段階、第一ステップの「やってみせ」（指導者がやって見せて仕事の全体像を理解させる）、第二ステップの「言って聞かせる」（業務の内容を説明、質疑応答）、第三ステップの「させてみせ」（実際の実行）、第四ステップの「褒めてやらねば」（実行結果の評価、指導）と短い言葉に凝縮されています。

そして、その結果後半の人材育成にあたってのポイントが、四項目掲げられていま す。

第一は、「話し合い、耳を傾け」というように、意見をよく聞きながら指導すると言うことです。

第二は、「任せてやらねば」というように、任せると言うことです。これには、指導者として、どこまでができ、何ができないかを把握しておく必要があります。

第三は、「やっている、姿を感謝で見守って」というように、将来戦力となることを意識し、感謝の気持ちをもって大事に育てなければならないと言うことです。

第四は、「信頼せねば」にあるように、育成は、信頼関係が大事です。絶えずコミュニケーションを忘れずに、信頼関係を築きながら育成せよと言うことです。

いずれにしても、OJTは、忙しい業務の中でする研修です。ともすれば、理解度によっては、指導者自身が熱意を失うこともあります。人材育成は、匙を投げずに繰り返し、繰り返し、指導することが大事なのです。一人前になる道筋は、人それぞれです。意外と苦労して育てた人材が、後に予想を超える頼もしい立派な人材になることがあるのです。また、人材は企業の最も大事な財産なのです。従って、将来の企業の成長を左右するものなのです。企業を生かすも殺すも、人材次第なのです。

才能の有る、できる人間を採用するよりも、できる人間に育てることの方が大事なのです。いつの時代にも、人材育成は企業の重要テーマとして取り組まなければなりません。

■安岡正篤の勇気が湧いてくる言葉

【要点】

・閉塞した社会の中で確かな先人の経営思想に触れ、これを道標《みちしるべ》とする。
・この言葉を腹に据えて自らを戒めて困難に向かえば、知恵が出て、勇気が湧きます。
・安岡正篤氏の言葉は、経営者の心得として心に沁みるものが多いのです。

【解説】

中国明王朝末期の学者である崔後渠《さいこうきょ》の箴言《しんげん》（戒めの言葉）を安岡正篤《まさひろ》氏が紹介したものです。

六全
「自処超然《じしょちょうぜん》」自分自身に関しては、物事にとらわれない姿勢を持つ。
注：超然とは、囚われないと言うこと

「処人藹然《しょじんあいぜん》」人に接する時は、相手を楽しませ、和《なご》やかにさせる。
注：藹然とは、和やかな気持ちと言うこと
「有事斬然《ゆうじざんぜん》」重大な問題が生じたときは、勇断をもってあたる。
注：斬然とは、勇気を持った決断のこと
「無事澄然《ぶじちょぜん》」問題が無事解決された場合は、水のように澄んだ気持ちでいる。
注：澄然とは、澄んですがすがしいこと
「得意澹然《とくいたんぜん》」うまくいって得意なときは淡々とあっさりしている。
注：澹然とは、たんたんとあっさりしたこと
「失意泰然《しついたいぜん》」失意のときこそ、泰然自若《たいぜんじじゃく》【落ち着く】としている。
注：泰然とは、ゆったりと落ち着いていること

六中観
腹の中にしっかりと入れて、心を鍛える「中観《ちゅうかん》」がある。対立することの中にこそ、心を鍛え、前向きに生きるものがあるということ。
「忙中閑有《ぼうちゅうかんあ》り」忙しい中でも、わずかなヒマを使う。
ヒマができたら勉強しよう、などと考えてもダメです。ヒマのある

人は、あくびをしてボケたようになっている。ヒマというものは、忙中にある。

「苦中楽有《くちゅうらくあ》り」

苦しいときでも楽はある。苦楽は相対的なもの、苦の中に楽があり、楽の中に苦がある。人間も苦しんで学ぶところに楽がある。

「死中活有《しちゅうかつあ》り」

絶体絶命でも、活路はある。もうどうにも行けなくなったところに、本当の生きる道がある。

「壺中天有《こうちゅうてんあ》り」

狭苦しい中にも自由な境地はある。俗世間の中に生活しながら、その中にあって本当の自分だけの世界、別世界を持つ、またそれを求めていく。

「意中人有《いちゅうひとあ》り」

常に場合、場合での人材を考える。困ったときには、どの友達に相談するとか、というふうにいつでも意中に人の準備がなければなりません。

「腹中書有《ふくちゅうしょあ》り」

読んだ書物を自分のものとする。平たく言えば、愛読書を持つということです。

■佐藤一斎の「重職心得箇条」にみる人の使い方、組織の動かし方

【要点】

・上に立つ者は、部下をえり好みせずに使う公平さが必要であり、私心を捨てて好みでない部下をうまく使うのが上に立つ者の腕の見せどころである。
・上に立つ者は、部下の小さな失敗、つまらないこと、細かいことに心を奪われない寛大さと、他人の意見を受け入れる広い心（度量）が必要である。

【解説】

この重職心得箇条は、徳川幕府教学の大家であった佐藤一斎（一七七二～一八五九年）が生まれ故郷美濃の岩村藩（現在の岐阜県）に依頼されて重臣たちのために書き下ろした心得です。この心得は最初に安岡正篤氏が世に紹介したものと言われています。氏は、「干支《えと》の活学」の中で「大臣に限らず、世の重職といわれる地位にある人々のために、最も通俗にして懇切な名訓は…重職心得箇条に過ぎるものはない」と言っているとともに、また「重職心得箇条は、そのまま今日の時局、政治にも、ある

いは事業にも、どこにも通用することでありまして、さすが老熟・練達の偉人だけあります」と最大限の評価をしています。

このようにこの心得は、人を使う立場の人の心得（重職の心得）や目の付けところなどが十七の項目の中に見事に簡潔に書き尽くされているのです。

さらに、この佐藤一斎の「重職心得箇条」に感動し、感銘を受けた時の小泉純一郎首相（二〇〇一年四月就任）は、総裁選の功労者で主婦層に人気のあった田中眞紀子氏（田中角栄元総理の長女）を外務大臣に任命したものの、就任直後から外務官僚となにかと衝突し、日増しに外務省内の事務方らとの確執が表面化して、外務省は機能不全に陥《おちい》っていったのです。

この抜き差しならない状況に、時の小泉総理は業を煮やして、この佐藤一斎の「重職心得箇条」を本人に手渡し「大臣としての心得」を今一度考え直すよう諭《さと》したと言われています（結局、小泉総理は翌年二月に大臣を更迭）。皮肉にも、これを契機に「重職心得箇条」は、上に立つ者の必読書として世間に広く知られることとなったのです。

人の使い方を最も端的に言い当てている第二条のみ（口語訳）をそのまま掲載し、その他は要点のみとしました。

【第二条】

「部下の役人たちに意見を出させ十分検討させた上、その結果を公平に裁決するのが大臣の仕事と心得るべし。たとえ役人たちよりもっと良い考えが自分にあってもさして害がないなら、役人の意見を採用するほうがいい。役人たちの意見を尊重し、やる気を起こさせ、存分に働かせるのが重要な仕事なのである。

わずかな過失を咎《とが》め、人を用いることが出来なければ、部下として使える人は一人もいなくなってしまうだろう。そんな部下にも活躍のチャンスを与え、過失を功績に償わせることだって可能なのだ。優秀な人材と言うほどでなくとも、そこそこの人材は藩内にもいるはずである。

えり好みせず愛憎の私心を去って人を用いなければならない。重職が自分と意見が合うものばかり用いるのは、あたかも水に水を差すようなもので異なる人材が意見を闘《たたか》わせながら全体として調和している組織の健全さは失われてしまうだろう。

自分の好みでない部下をこそ尊重して用いる。これこそ人使いの要諦《ようてい》であり、重職たるもの、この工夫がなければならない」

以下は十七項目の要点のみ記載してみました。

【要点】

第一条、重職は、それにふさわしい威厳《いげん》が必要である。
第二条、重職は、自分の好みでない部下をこそ尊重して使え。
第三条、重職は、時に応じて改めるべきを改めよ。
第四条、重職は、前例や規則にとらわれてはいけない。
第五条、重職は、チャンスを逃してはいけない。
第六条、重職は、渦中にのみこまれてはいけない。
第七条、重職は、無理強いや押し付けをしてはいけない。
第八条、重職は、忙しいと言ってはいけない。
第九条、重職は、託された重大な権限は執行せよ。
第十条、重職は、目先のことにとらわれてはいけない。
第十一条、重職は、広く大きな心を持て。
第十二条、重職は、他人の意見にも謙虚に耳を傾けよ。
第十三条、重職は、部下同士の調和に心を配れ。
第十四条、重職は、仕事に手を掛け過ぎてはいけない。
第十五条、重職は、裏表《うらおもて》があってはならない。

第十六条、重職は、公開すべき情報は公開せよ。
第十七条、重職は、部下の気持ちを明るく保たねばならない。
（『誰でもわかる　重職心得箇条　マネジメントの真髄十七ヵ条』平凡社より抜粋）

■田中角栄の責任と泥をかぶる人心掌握術

【要点】

・何事も、つまるところは多数決で決まる。問題は多数の掌握の方法である。

・官僚は有能であるが、責任と泥をかぶりたがらない。これを引き受け掌握した。

・人柄と面倒見の良さは人心掌握のコツである。

【解説】

田中角栄が一九九三年（平成五年）十二月に亡くなってから三十年近くになる。今太閤とか金権政治の元祖と言われた。プラスとマイナスの面を持ちその評価は分かれているが、今日、日本社会に閉塞感《へいそくかん》が渦巻き政治の指導力が待望され、時の経過とともに戦後政治の異能、異才の政治家とし田中角栄の政治手法と人間田中角栄の評価は、益々高まっているように思えます。

二十三年間秘書として側近にいた早坂茂三氏を通して見た田中角栄の姿は、経営へのプラス面として大いに参考になるものと言えます。

一、多数決の政治手法

「目標を定めて、日限を切り、実行する。これ以外に政治はない。それを可能にさせるのは多数を握ることです。マスコミは田中型政治を指して数による支配と非難した。だけどね、これは天に唾《つば》する言葉だ。国家権力や指導者は多数を握らなければ容易に仕事ができません」

この表現は、多少極端で、民主政治は、少数意見にも配慮しなければなりませんが、最後は数で決まるのです。十六年続いたドイツのメルケル首相も支持政党が選挙で負け、昨年末に幕を閉じました。アメリカのバイデン政権を見ても分かる通り、数を支配しなければ、理想を実現するための諸施策も予算が通らなければ絵に描いた餅で、何もできず支持率の低下に苦しんでいるのです。問題は、数の集め方、多数の使い方なのです。

二、自民党と官僚の人心掌握術

「この日本は官主国家、官主主義です。民主国家、民主主義は表向きの看板だ。中央政府や地方自治体を本当に取り仕切っているのは役人ですよ。役人の協力がなければ、立法も行政も一センチも前に進まない。これは中央も地方も同じことでしょう」

田中角栄は、このことを誰よりも一番よく理解し知っていたのです。だから役人をうまく操縦するために、この日本的な政治メカニズムをほかのだれよりも正確に理解し、うまく活用したのです。特に大蔵大臣を三期四年も務めたことから、大蔵省の中には田中人脈までできたのです。

田中角栄は、役人をうまく自分の手の内に収めるために、彼らの弱点をフォローしていたのです。そして彼らは隠れてまで「田中詣で」をして、接近したのです。結果として田中角栄は、役人を取り込んだ政治メカニズムを掌握していたのです。

（一）官僚を引き付けた、たたき上げのアイデア

田中角栄には、たたき上げの政治家のため天才的なアイデアが豊富で官僚はこれに頼ってきた。

田中角栄のアイデアは「秀才官僚の発想からは出てきません。田中のアイデア、着眼点は役人にとって大変、貴重で便利なものであった」のです。

（二）決定を下し、泥をかぶる

「役人が政治家に求めるのは方向を示し、物事を決定してくれることです。役人が一番嫌がるのは物事を自分の責任で決めることだ。うまくいけばいいけど、失敗すれば

泥をかぶる。自分の経歴にかすかな傷がつくことを役人は極端に嫌う。ところが角栄は方向を示して決定も自分が下すという形をつくってくれる。従って彼らは泥をかぶることがなかった」ので大変頼りになったのです。

(三) 打算的な官僚の心を掌握

官僚の人事には、基本的に手を突っ込まず、一方で官僚の天下り時もよく面倒を見たことから信頼を得ました。局長以上の人事に睨《にら》みを利かせ、人事権を盾に官僚を意のままにコントロールしようとして、結局、官僚の信頼を得ず一年で終わった菅義偉元首相とは正反対です。

官僚は、この面倒見の良さで「田中角栄に知恵を出し、汗を流して働いても、元が取れる。損はない。人間はだれでも自分がいちばんかわいい。役人も自分がいちばん大事です。いつでもソロバンをはじいている」という打算的な官僚の本音を承知のうえで、うまく掌握したのです。

(四) 優しい人柄のよさ

「カネをやっても押し付けがましい素振りをツユカケラも見せない。人間を差別せず、一視同仁《いっしどうじん》。だれに対しても目線の高さが同じだ。目の玉の奥に春風が吹いている。苦労人らしく惻隠《そくいん》の情がある。優しい。これが田中のカラーだ」というように非常に良い人柄も持ち合わせていたのです。

三、理想の指導者は現代では出にくい

「指導者には二つのタイプがある。主観的には真面目で善意、そして度胸がなくて、決断と実行力がない無能な指導者だ。もう一つは行儀が悪いけれど、有能な指導者です。

ところが、いま日本は大衆社会になって、女性文化が横行し、女性優位、マスコミ第一権力の時代になった」このような世の中では、行儀が悪いけれど、有能な指導者は出にくいのです。

また、「私たちの目の前にいる指導者は、みんなどんぐりの背比べだ。マスコミと女性に気がねして、足がすくんでいる。全軍を束ねられない。目標も定められず、決断と実行ができない」と言うのです。

■田中角栄の自分を磨き、相手を見抜く人心掌握術

【要点】

・人心掌握にはさまざまあるが、詰まるところは自らの能力次第である。
・人心掌握の入り口は、相手が何を求めているかを見抜くこと。

【解説】

評論家の小林吉弥《きちや》氏は、田中角栄の人を掌握する、あるいは引き付けるスピーチのうまさを次のように述べている。

「聞き手との一体感を構築するための味つけが、じつに多彩である。比喩、たとえ話をふんだんに折りまぜての笑いを与えつつ、突然、トーンを変えて、数字の速射砲を浴びせかけ、現実を突きつけてくる。また、ときには情をさりげなく、あるいは夢を与え、シンミリさせたところで再び結びをビシッと押さえる。その緩急の自在さは、けだし絶妙、見事というほかはないのである。…ビジネスなどあらゆる交渉ごとは、一種のケンカであるといっていい。そのケンカに勝つために、まず必要なのは、いか

に相手の人心を掌握するかである」と言っています。

スピーチにしても、仕事にしても田中角栄が人心を掌握する術として、十の説得術を挙げています。

一、相手を見抜く
人心掌握のスタートは、相手が何を求めているかを見抜くことです。見抜くためには、相手の履歴など事前の調査を欠かさなかったと言うことです。
二、相手の立場で考え、価値を認める
相手の立場に立って、ものを考えて個性なり価値を認めてやることで、初めて胸襟を開いて信頼性が生まれるのです。
三、私の論理で
「公の論理」として「世の中とはそういうもんだ」と相手を説得しても、「俺の考えはこうなんだと」反発されることが多く、むしろ理屈にとられ説得できない。日本の社会は、「情の社会」の面が強い。むしろ「私の論理」の「私の考えはこうだ」と私を前面に出した意思表示の方が支持されると言うことです。
四、泣きどころを握る

人心掌握の大きな材料は、泣きどころを握ることです。泣きどころを握るとは、人の弱みを握ると言うことです。

五、驚かして目を開かせる

驚かすと言うことは、相手に百パーセントの気持ちの高まりを起こさせることです。記者との懇親会で帰りしなに、記者への手土産を奥さんの分を含めて各記者に二個手渡し、心配りに記者をアッと言わせて味方にしたのです。

六、利害関係を利用

人間には欲望があり、金、地位などの利害関係の不満を満たせば不満を持つ者はいなくなります。ビジネス社会も同じであり、相手の性格を読み「アメとムチ」で掌握することです。

七、約束を守る

約束は絶対に守ると言うことで人心を掌握してきました。約束した大臣ポストを必ず与え、反対に約束を守らない相手には、厳しく臨んでいました。

八、功績を部下に与える

仕事はできるが、部下のモタモタぶりに業を煮やし、仕事を取って自分でしてしまうような人間は、部下に一番嫌われる人間の典型であります。

失敗は自分がかぶり、功績は部下に与えることが、部下を掌握する最善の方法であります。さらに、それを恩着せがましくしないことであります。

九、敵にこそ気配りを忘れない

敵対関係にある相手に対して気配りをすることは難しいことです。この気配りができてこそ一流であります。田中角栄の政敵に対する気配りは、多く冠婚葬祭に現れています。例えば、政敵で反田中の松野頼三氏夫人の通夜の席に田中角栄は、終わるまで座り続けました。この気配りに、すっかり心許し松野頼三氏は、以後、さまざまな場面で田中角栄を助けました。

十、自らの能力を磨く

どんなに誠実味にあふれ、人間的魅力に富んでいても、能力がなければ、最後のところで人心は、掌握できません。バカでは、人はついてこないのです。能力のない者には、人心の掌握は不可能である。

■宰相　田中角栄の辞任に見るトップの引き際と心境

【要点】

・一つの時代を築いた者の引き際の言葉は、胸を打ち奥が深いものです。
・どんなに強い者でも、その引き際を間違うと、その後の光景は哀れでもある。

【解説】

一九七四年（昭和四十九年）十月中旬、文藝春秋が「田中角栄研究－その金脈と人脈」（立花隆　執筆）と題して田中角栄の錬金術を調査した特集を出しました。その後の外国人記者クラブでの記者会見で質問攻めにあい、これが追い打ちをかけ総理大臣の権威は地に落ち辞任に向かったのです。これを機に、田中角栄の支持率は、十八パーセントまで下がり、辞任を決意したのです。秘書の佐藤昭子は『私の田中角栄日記』で「田中が辞任した理由は様々だと思う。健康問題、金脈問題の追及、…さらにおそらく最大の理由は、愛娘・真紀子さんの強力な意思ではなかったか」と娘の勧めで辞任を決意したものと記しています。

そして一九七四年十一月二十六日の朝、椎名悦三郎副総裁ら自民党の四役に辞意決意文を手渡し正式に自民党総裁を辞任することを告げました。それが左記の「私の決意」という文面です。

自らは読み上げず、官房長官の竹下登が代読し、記者会見はいつもと違い質問なしの十分で区切って行いました。この時の「心境を露呈したもの」と作家の水木楊は書いています。

私は、銀行に入って二年目の二十四歳の時でした。その後のロッキード裁判、竹下登らによる創政会の立ち上げによる田中角栄離れ、本人は、裏切られた悔しい思いから酒に溺れ、その情景を秘書の佐藤昭子は、『宰相 田中角栄の真実』で次のように記しています。

「それから毎日、ウイスキーのボトルを一、二本空けていた。千鳥足で毎日、事務所に来る。毎日のようでなくて、毎日でした。それが二十日間続いて、脳梗塞です」

この彼の悔しい気持ちと地に落ちた光景を想像すると退任時の「私の決意」が、栄光の田中角栄の分岐点として一抹の寂しさを感じます。

「私の決意」の最後の方の「わが国の前途に思いをめぐらす時、私は、一夜、沛然《はいぜん》として大地を打つ豪雨に心耳《しんじ》をすます思いであります」の文言は特に辞任の心情がうかがい知れます。

『私 の 決 意』

「私は、フォード大統領の来日という、我が国にとって、まさに歴史的な行事が、つつがなく終了し、日米友好の礎《いしずえ》が一段と固まったこの機会に、内閣総理大臣及び自由民主党総裁を辞任する決意をいたしました。

政権を担当して以来、二年四ケ月余、私は決断と実行を肝《きも》に銘じ、日本の平和と安全、国民生活の安定と向上のため全力投球を続けてまいりました。

しかるところ、最近における政局の混迷が少なからず私個人に関わる問題に端《たん》を発していることについて、私は、国政の最高責任者として政治的、道徳的責任を痛感しております。

一人の人間として考えるとき、私は裸一貫で郷里をたって以来、一日も休むことなく、ただ真面目に働き続けてまいりました。

顧みまして、いささかの感慨《かんがい》もあります。しかし、私個人の問題で、かりそめにも世間の誤解を招いたことは、公人として、不明、不徳のいたすところであり、耐え難い苦痛を覚えるのであります。私は、いずれ真実を明らかにして、国民の理解を得てまいりたいと考えております。今、国の内外には緊急に解決すべき課題が山積しております。政治には瞬時の停滞も許されません。私が、厳粛《げんしゅく》に、かつ淡々《たんたん》として自らの進退を明らかにしたゆえんも、ここにあります。

わが国の前途に思いをめぐらす時、私は、一夜、沛然《はいぜん》として大地を打つ豪雨に心耳《しんじ》をすます思いであります。

自由民主党は、一日も早く、新しい代表者を選出し、一致結束して難局を打開し、国民の負託にこたえるべきであります。

私も政治家の一人として、国家、国民のため、さらに一層の献身を致す決意であります」

一つの時代を築いた者の引き際の言葉は、五十年近く経った今も胸を打ち奥が深いものがあります。しかし、どんなに強い者でも、その引き際を間違い、退任後の酒に溺れた、その後の光景は哀れでもあります。

注①：一九七二年（昭和四十七年）七月　第六四第内閣総理大臣に就任、一九七四年（昭和四十九年）十一月辞任、在任期間八八六日、二年四ケ月

注②：安岡正篤が手直ししたといわれている。注③：沛然：雨が激しく降る様　心耳：心で聞くこと

■岩澤正二《まさじ》氏が新支店長に与えた心構え

【要点】

・銀行の役員時代に、新任の支店長一人一人に心得として渡していたもの。
・リーダーの条件は、人望、手腕、先見性、運等あるが、人望が最も重要としている。

【解説】

元マツダ相談役・岩澤正二氏が住友銀行　副頭取時代にまとめたリーダーの条件＝人望を得るための条件である。

「上に立つ者の道　三二箇条」

一　嚮《むか》うところを明瞭に示せ。（注：嚮う：先にという意味、「向かう」とほぼ同じ）
二　信を他の腹中に置け。（注：人間関係は、先ず相手を信用することという意味）
三　虚心坦懐、光風霽月《せいげつ》、是を是とし、非を非とせよ。（注：虚心坦懐：先入観やわだかまりのない心、光風霽月：雨上がりの晴れわたった月、転じて心の中が

さっぱりした心境）

四　褒めるときは褒め、叱るときは叱る。忘れたり遠慮したりするな。

五　権謀は無策に劣る。功罪は拙誠《せっせい》にしかず。（注：拙誠：つたないが、誠実である。誠実に欠けるものをトップに据えてはならない）

六　功を部下に推し、責を身に引け。

七　金銭に恬淡《てんたん》たるべし。（注：恬淡：執着しない。借金、交際においては節度を守ることが大事）

八　自然に導くを得ば、上の上なり。（注：いちいち言わなくても実行できるような人）

九　己に薄く、人に厚く、己に厳に人に寛なれ。

一〇　長所を見て人を使え。人はだれしも長所を有す。

一一　愚痴と立腹と厭味とは、上に立つ者の大禁物、言いたきことあるも堪え得る雅《が》量《りょう》あるべし。（注：雅量：こせこせせず、寛容で、おおらかな態度）

一二　為すべきことを為すために、いかなる情実も、いかなる困苦もこれを排し、断固としてなすべし。

一三　みだりに難きを責めるな。ただし、泣いて責むべき場合あり。（注：やたらと

処罰してはいけないが、規律を守るためには、愛する社員もやむを得ず厳しく処分することが必要）

一四　自分が先ず研究して、確信を得よ。

一五　広く意見を徴すべし。部下の意見は熱心に聞け。

一六　部下の人事に熱心なれ。人の世話はよくしてやれ。

一七　その労《ろう》するところを知り、よく、これを労《ねぎら》え。

一八　寡黙《かもく》重厚、従容自若《しょうようじじゃく》、眼眸《がんぼう》厳正、挙止端正《きょしたんせい》。

（注：従容自若：ゆったりとして落ち着いた状態　眼眸：見る目　挙止：ふるまい）

一九　よく休ませ得る者は、よく働かせる者なり。

二〇　人のことを我がこと程に思え。

二一　努めて、失意逆境にある人を引き立てよ。

二二　自他の職域を守り、これを尊重せよ。

二三　知らざることは、あくまで、知らざるとせよ。

二四　少なく言い、多く行え。

二五　絶えず研究して、一歩先んぜよ。

二六　少疵《しょうひ》をもって大功を没すべからず。（注：少疵：小さな失敗）

二七　部下に威張るな、部下の機嫌を取るな。至誠一貫、正々堂々。
二八　外柔内剛、柔らかくても一節あれ。
二九　事をなすには、腹をきめてかかれ。
三〇　上に立つ者は、部下をして己の最大の保護者たることを感ぜしめよ。
三一　自分一人にて事をするな。任せて人を使え。ただし、監督を怠らば、仕事をする人に張り合いがなくなる。
三二　象徴を高く掲げ、衆心一致、精神の統一をはかれ。中心の引力はあらゆる手段を尽くして強固ならしむべし。

注：①一九一三年秋田県生まれ。住友銀行　副頭取を歴任後、マツダ会長、後に相談役就任
②二〇〇七年五月　九十四歳で死去

（平成に甦る　人間・安岡正篤より）

第七章　中国古典に学ぶリーダーの心得

■中国古典「宋名臣言行録」に見るリーダーの心得

【要点】

・宋時代の科挙に合格したエリート層の処世術は、今も通じるリーダーの心得。
・陰謀渦巻く組織の中で人格や徳に重きを置き、いかに立ち回り、志を果たすか。

【解説】

宋代の名臣たちの言行録を集めた逸話集が「宋名臣言行録《そうめいしんげんこうろく》」であります。これは北宋時代の八朝の皇帝に仕えた九十九人の名臣の言動を言行録として朱熹（朱子）が編《へん》纂《さん》したものです。名臣とは、科挙《かきょ》の試験に合格し進士《しんじ》の肩書きを手に入れたものの中から、さらに選ばれたものです。宋代になると科挙の試験が定着し、彼らが政治に情熱を燃やして取り組んだ時代でもあり、彼らの数々の言行録は、陰謀渦巻く組織の中での処世術でもあり経営者にとって参考になるものばかりだと思います。私の好きな名臣の言行録を何点か掲載しました。

◇明《めい》なれども察《さつ》に及ばず、寛《かん》なれども縦《しょう》に至らず

「明不及察、寛不至縦」

【解釈】

上に立つ者は、物事を全てわかっていても、あまり細かいことまで口を挟まないことである。また、上に立つ者は、部下に対して寛容な態度で臨むが我がまま勝手にはさせないことである。

注：察：よく見ること　縦：「ほしいまま」とも読む。普通は「恣」と書く…自分勝手、身勝手の意味

出典：北宋の副宰相「欧陽脩《おうようしゅう》」の言葉

◇水至《みずいた》って清《きよ》ければ則《すなわ》ち魚《うお》なし、人至《ひといた》って察《さつ》なれば則《すなわ》ち徒《と》なし

「水至清則無魚、人至察則無徒」

【解釈】

水が清すぎると、魚が住みつかなくなる。それと同じように、小さなことまでとがめ立てると、人が寄りつかなくなる。場合によっては目をふさぎ、耳をふさぐことも

必要。

注：徒：従うもの

出典：北宋の宰相「呂蒙正《りょもうせい》」の言葉（科挙試験トップ合格）

◇事に臨むに三つの難《むずか》しきあり。能《よ》く見る、一なり。見て能《よ》く行う、二なり。当に行うべくんば必ず果結《かけつ》す、三なり

「臨事有三難、能見一也、見而能行二也、当行必果決三也」

【解釈】

何かをなすにあたっては、難しいことが三つある。その一つは、事の状況をきちんと見極めることである。二つ目は、見極めたうえで、きちんと対応（実行）することの難しさである。そして三つ目は、実行するからには、必ず結果を出すことの難しさである。

出典：北宋の進士「張詠《ちょうえい》」の言葉

◇人を挙《あ》ぐるには、すべからく退《たい》を好むものを挙《あ》ぐべし

「挙人、須挙好退者」

【解釈】

人材を登用する時は、引き際のきれいな人を推挙しなければならない。引き際の悪い人間は、組織に迷惑をかけることとなる。

出典：北宋の進士「張詠《ちょうえい》」の言葉

◇国を治《おさ》むるの要《よう》は三、曰く人を官《かん》にす、曰く賞《しょう》を信《しん》にす、曰く罰《ばつ》を必《ひつ》にす
「治国之要三、日官人、日信賞、日必罰」

【解釈】

国を治める要諦は、第一に適材適所の人材登用、第二に信賞、第三に必罰、この三つである。

出典：北宋の宰相「司馬光《しばこう》」の言葉

◇事を処《しょ》するに、心あるべからず。心あれば、則《すなわ》ち自然《しぜん》ならず。自然《しぜん》ならざれば、則《すなわ》ち擾《みだ》る
「処事、不可有心。有心則不自然、不自然則擾」

【解釈】

物事を処理するには、下心があってはならない。下心があれば、無理をする。無理をすれば混乱を招くこととなる。

出典：北宋の宰相「韓琦《かんき》」の言葉（科挙試験次席合格）

注：北宋　九六〇～一一二七年（一六七年）、南宋　一一二八～一二七九年（一五一年）

■中国古典「論語」に見るリーダーの心得　その一

【要点】

・上に立つ者は、自らを正し、広い視野、意志の強さ、長期展望等を持ち合わせることが必要である。

【解説】

「論語」は、孔子とその弟子たちとの問答などを集めた言行録です。孔子は、「仁」を重視して政治の在り方、人間の生き方を説いた中国・春秋時代（紀元前五〇〇年頃）の思想家です。論語に孟子、中庸、大学を加えて南宋の朱子（朱熹）が「四書」として体系化し、儒学の中心的重要な書物となっています。二千年以上経過しても、論語に記述されている数々の教えは、現代にも十分通じるものです。経営者にとって心得として参考になるものも多くあり私の好きなものを何点か掲載致しました。

注：仁：他人に対する思いやる心、優しさ

◇士《し》は以《もっ》て弘毅《こうき》ならざるべからず（泰伯篇）

「士不可以不弘毅」

【解釈】

人の上に立つ人物と言うものは、広い視野と困難にあっても、へこたれない強い意志力の二つを持たねばならないと言うこと。

注：士《し》：上に立つ者、指導者　弘《こう》：広い視野　毅《き》：強い意志力

◇己《おのれ》立《た》たんと欲《ほっ》して人を立て、己《おのれ》達《たっ》せんと欲して、人を達《たっ》す（雍也篇）

「己欲立而立人、己欲達而達人」

【解釈】

上に立つ人は、自分が立ちたいと思ったら、まず人を立たせてやる。自分が手に入れたいと思ったら、先ず人に得させてやる。

◇其《そ》の身《み》正《ただ》しければ、令《れい》せずして行わる。其《そ》の身正しからざれば、令《れい》すと雖《いえど》も従《したが》わず

（子路篇）

「其身正、不令而行、其身不正、雖令不従」

【解釈】

わが身が正しければ命令しなくても行われるが、わが身が正しくなければ、いくら命令したところで従わない。その身正すとは率先垂範、能力と人柄と言う二つを持ち合わせているという意味である。

◇遠慮《えんりょ》無《な》ければ近憂《きんゆう》あり（衛霊公篇）
「無遠慮、必有近憂」

【解釈】

将来のことについてきちんとした考えを持ち、計画を立てておかないと、必ず近いうちに困ることが起こるものだ。分かってはいるけど、とかく目先のことにとらわれてしまい、長期的視野を疎《おろそ》かにするものである。

注：遠慮：「遠きを慮る」と言う意味で長期的展望　近憂：近いうちに何か困ったことが起こるの意味

◇巧言《こうげん》は徳《とく》を乱《みだ》る。小を忍《しの》ばざれば、則ち大謀《たいぼう》を乱《みだ》る
「巧言乱徳、小不忍、則乱大謀」

【解釈】

ことばを飾れば徳を損《そこ》ない、小さいことを辛抱できないようでは、大きな仕事を成し遂げることはできない。

注：忍：我慢あるいは辛抱する　巧言：口先だけでうまく言うこと　大謀：大きなことをしようとする計画の意味

■中国古典「論語」に見るリーダーの心得　その二

【要点】

・上にある者は、日々の行動において常に慎重に謙虚に対処すべきである。
・論語にある九つの戒め（九思）を心にとめて行動することが大事である。

【解説】

論語に、「九思《きゅうし》」と言うのがあります。佐藤一斎も「言志四録」の「言志後録」の中で「九思三省」として重要性を述べています。それは「君子に九思有り。視《み》るには明を思い、聴くには聡《そう》を思い、色には温《おん》を思い、貌《かたち》には恭《きょう》を思い、言には忠《ちゅう》を思い、事《こと》には敬《けい》を思い、疑《うたが》いには問《と》いを思い、忿《いかり》には難《なん》を思い、得《う》るを見ては義《ぎ》を思う」（李氏第十六）という九つのことです。この九つの心構えをリーダーは、常に心にとめて慎重に行動しなさいと言うことです。

この文を九つに分けて、一つ一つ申し上げると、

一、視《み》るには明を思い
「視思明」
【解釈】
人や物を見るには、イメージや先入観にとらわれることなく、自分の目の力で見るときははっきり見るように心掛けること
注：思：心に留めておくこと　明：全てを見透す

二、聴《き》くには聡《そう》を思い
「聴思聡」
【解釈】
人の話を聞くには、耳の聴力を十分用いて、先入観や私心を排除して賢く誤りなく正しく素直にしっかりと聞くように心掛けること
注：聡：正しく聞き分ける

三、色には温《おん》を思い
「色思温」

【解釈】
顔つきは、いつも温和で、笑顔であるように心掛けること
注：色：顔色　温：温和

四、貌《かたち》には恭《きょう》を思い
「貌思恭」
【解釈】
驕《おご》る態度でなく容貌《ようぼう》は慎み深く上品に振る舞うよう心掛けること
注：貌：顔かたち　恭：つつしみ深く

五、言には忠《ちゅう》を思い
「言思忠」
【解釈】
言葉は誠実にして言行の一致するように心掛けること
注：忠：誠実

六、事《こと》には敬《けい》を思い
「事思敬」
【解釈】
仕事については慎重に、間違いのないように心掛けること
注：事：行動　敬：慎重

七、疑《うたが》いには問《と》いを思い
「疑思問」
【解釈】
分からないことなど疑問が起こった場合は、人に聞くことを心掛けること

八、忿《いかり》には難《なん》を思い
「忿思難」
【解釈】
腹が立ったら、この腹立ちまぎれに行動すると、後でどんな難儀《なんぎ》が起こるか分からないことを心掛けること

注：忿：腹立ち　難：後で起こる難事

九、得《う》るを見ては義《ぎ》を思う

「見得思義」

【解釈】

利得に直面した場合は、これを取ったら問題なく道理に適《かな》っているか見極めてから対応するよう心掛けること

人間社会の在り方は、昔も今もそう変わらず、今申し上げた九つの心を常に忘れずに、心掛けていれば、経営者の行動において困った状況になることはないと思います。

■中国古典「孟子」に見るリーダーの心得

【要点】

・経営には、孟子の説く「仁」と「義」を踏まえた運営が必要である。
・人間はもともと善い心を持っているものの、欲が邪魔するので指導で抑える。

【解説】


「孟子」は孟子による言行録で、孔子の思想を受け継ぎ、性善説に基づき「仁」と「義」による理想の政治の必要性を主張した紀元前三〇〇年頃の思想家です。

孟子に論語、中庸、大学を加えて南宋の朱子（朱熹）が「四書」として体系化した儒学の中心的重要な書物です。この中にも経営者にとって参考になるものが多くありますので、私の好きなものを何点か掲載致しました。

注：仁：他人に対する思いやる心、優しさ　義：正しい心

◇自ら反《かえり》みて縮《なおくん》ば、千万人と雖も、吾往《われゆ》かん

「自反而縮、雖千万人吾往矣」

【解釈】

自分が正しいと確信が持てたならば、誰がなんて言おうが、阻《はば》む者がどんなに多いようが、自分は信じた道を進む。

これは、元首相の佐藤栄作氏が好んで使っていた言葉で気の強さを感じます。確固たる信念をもって、自己に厳しく対応できる人間でないと、なかなか言えない言葉です。

注：反《かえり》みて：反省してみて　縮《なお》くんば：間違いがなければの意味

◇天の時は、地の利に如かず、地の利は人の和に如かず

「天時不如地利、地利不如人和」

【解釈】

天から与えられた好機も、立地条件の良さにはかなわない。しかし、それさえも組織の結束力にはかなわない。事業において成功を収めるには、「天の時」「地の利」「人の和」の三つの条件が満たされなければならない。とりわけ「人の和」が鍵となるということです。

◇己を枉《ま》ぐる者にして、いまだ能く人を直《なお》くする者はあらざるなり
「枉己者、未有能直人者也」

【解釈】

自分で曲がったことをしておいて、相手にまっとうなことを期待しても、それは通らない。

注：枉《ま》ぐる：曲がったことの意味

◇人を存《み》るに、眸子《ぼうし》より良きはなし。眸子はその悪を掩《おお》うこと能《あた》わず
「存乎人者、莫良於眸子。眸子不能掩其悪」

【解釈】

人を見分けるのに、ひとみほど正直なものはない。瞳は心の悪を覆《おお》い隠せない。たしかに、人の心の在り様は、いくら繕っても目に現れる場合が多い。

注：存る：見る　眸子：瞳　眸《ぼう》は瞳の黒い部分　掩《おお》う：おおうの意味

◇往《ゆ》く者は追わず、来る者は拒《こば》まず

「往者不追、来者不拒」

【解釈】

去っていく者は追いかけない。やって来る者は拒まない。あらゆる人間関係において理想な自然体の在り方である。孟子が弟子に対してとった方針と言われている。

注：往く：出てゆくの意味

■中国古典「中庸」に見るリーダーの心得

【要点】

・「中」と「誠」を基本とした性善思想に則った経営の心得。
・組織を動かすには、人を責める前に、自分を見つめなおし、正しくすること。

【解説】

「中庸」は孔子の孫にあたる子思《しし》が孔子の教えを理論化し体系化して解き明かしまとめたものです。孔子の教えとして有名なのが「論語」です。

孔子は紀元前五〇〇年頃の春秋戦国時代に生きた人物です。この中庸、論語に大学、孟子を加えて南宋の朱子（朱熹）が四書として体系化したものです。この中にも経営者にとって参考になるものが多くありますので、私の好きなものを何点か掲載致しました。

◇君子は中庸《ちゅうよう》す。小人《しょうにん》は中庸《ちゅうよう》に反《はん》す

「君子中庸。小人反中庸」

【解釈】

君子は何事においても中庸を旨とする。これに対して小人は極端に走る。

注：中庸：偏らずバランスが取れている状態　小人：凡人の意味

◇言《げん》は行《こう》を顧《かえり》み、行《こう》は言《げん》を顧《かえり》みる

「言顧行、行顧言」

【解釈】

なにかを発言する時には、行動が伴っているかどうかを考える。なにか行動を起こすときには、自分の発言を思い出す。リーダーとして言行不一致では、言うことに説得力がないばかりでなく、信用も失うと言うことで失格である。

◇上位《じょうい》にありて、下を凌《しの》がず、下位にありて上を援《ひ》かず、己を正しくして人を求めざれば、則《すなわ》ち怨《うら》みなし

「在上位不陵下、在下位不援上、正己而不求於人、則無怨」

【解釈】

地位が上の時は、下の者を踏みつけたりしない。地位が下の時は、ことさらに上の者に取り入ろうとしない。自分の姿勢を正しくして、他人の助けを当てにしなければ、人を恨む必要もなくなる。

注：凌ぐ：まさる　援かず：すがるが転じて取り入る意味

◇人一《ひとひと》たびしてこれを能《よ》くすれば、己《おのれ》はこれを百《ひゃく》たびす。人十《ひとじゅう》たびしてこれを能《よ》くすれば、己《おのれ》はこれを千《せん》たびす

「人一能之、己百之、人十能之、己千之」

【解釈】

他人が一回でできることが、自分にはなかなかできなければ、自分は繰り返し百回行い、百倍の努力をする。他人が十回でできることを、自分が出来なければ、千回努力する。

要するに、はじめから諦《あきら》めたり、途中で投げ出したりするなと言うことです。何事にもチャレンジ精神を燃やして挑戦せよと言うことだと思います。

◇広大《こうだい》を致《いた》して、精微《せいび》を尽《つ》くす

「致広大而尽精微」

【解釈】

ものごとへの対処は、先ず全体をよく見て、問題ないか状況を判断したうえで、さらに細かいところにも十分目を配り注意して、きちんと対応することが大事である。アリの一穴ではないが、大変な災害になることもあるので、細かいところも疎《おろそ》かにしないということ。全体と部分の調和が大事であると言うことです。

注：精微：細かいことの意味

◇上に居《い》て驕《おご》らず、下と為りて倍《そむ》かず。国に道《みち》あれば、その言をもって興《おこ》るに足り、国に道なければ、その黙《もく》は以て容《い》るるに足る

「居上不驕。為下不倍。国有道、其言足以興、国無道、其黙足以容」

【解釈】

組織の上にいるときは、決して偉ぶったりせず、驕《おご》ったりしない。逆に部下として上の者に仕える場合は、与えられた責任をきちんと果たし、決して期待を裏切るようなことはしない。立派な政治が行われている間は、進んで政策を進言し手腕を発揮する。逆に政治が乱れているときは、退いて沈黙を守り、身に危険が迫るのを防ぐこと。

注：倍く：従わない　興る：盛ん、奮い立つ　容るる：包むの意味

■中国古典「老子」に見るリーダーの心得

【要点】

・高い地位に就いたならば、常にバランスと謙虚さを失わず、引退の潮時を念頭に入れておくべきである。
・理想のリーダーは、部下から意識することも、負担感もないような存在である。
・白か黒かはっきりさせるリーダーよりも、細部にこだわらず懐の深い人柄のリーダーに部下はついてくる。

【解説】

「老子」は、今から二〇〇〇年以上前にまとめられた言行録です。儒教が規範としている礼や徳を人為的で不自然なものとして、この対局として不自然で作為的な行いから、自然体であること、いわゆる「無為自然《むいしぜん》」であることで、この世が治まるということを説いた思想です。似たような「荘子」と合わせて「老荘《ろうそう》思想」と言われています。

この「老子」の中にも経営者の心得として参考になるものが数多くありますので、私の好きなものを何点か掲載致しました。

◇持してこれを盈《み》たすは、其《そ》の已《や》むに如《し》かず。揣《きた》えてこれを鋭《するど》くすれば、長く保つべからず。金玉《きんぎょく》、堂に満つれば、これを能《よ》く守なし。富貴《ふうき》にして驕《おご》れば、自ずからその咎《とが》を遺《のこ》す。功《こう》遂げて身退くは、天の道なり

「持而盈之、不如其已。揣而鋭之、不可長保。金玉満堂、莫之能守。富貴而驕、自遺其咎。功遂身退、天之道也」（第九章）

【解釈】

器に水をいっぱいに入れて、こぼすまいと心配しながら持つくらいなら、いっぱいにしない方が良い。刃物は鍛えて鋭くするにしても、あまり鋭利にすれば、かえって刃がこぼれるものです。部屋いっぱいに財宝を蓄えても守り切れるものでもないのです。金持ちになったり、身分が高くなったからと言って、驕《おご》り高ぶれば、災難を招《まね》くものです。するべきことを成し遂げたならば、引退するのが道理に従った自然な生き方（天の道）と言うものです。

老子に言わせれば、高い地位についたならば、バランスを取り、謙虚さを失わなな

いことが大事であり、常に引退の潮時を頭に入れていたほうが良いと言っているのです。

注：持して：持つこと　盈《み》たす：満たす　揣《きた》える：鍛《きた》える　咎《とが》：わざわい、ばち

天の道：自然な無理をしない生き方

◇太上《だじょう》は下之有《しもこれあ》るを知るのみ。其の次は親《した》しみて之を誉《ほ》め、その次は之を畏《おそ》れ、その次は之を侮《あなど》る。信足《しんた》らざれば焉《ここ》に信ぜざる有り

「太上、下知有之。其次親誉之。其次畏之。其下侮之。信不足、焉有不信」（第十七章）

【解釈】

最上の指導者は、部下から存在することさえ意識されない。その次（二番目）は、部下から敬愛される指導者である。その次（三番目）は、部下ら恐れられる指導者である。最低な（四番目）指導者は、部下からバカにされる指導者である。普段から信用がないと、部下からの信用を得ることはできない。

少なくとも、二番目の部下から敬愛される指導者くらいはなりたいものです。

注：太上：最上の名君

◇禍《わざわい》は福《ふく》の倚《よ》る所《ところ》、福は禍の伏《ふ》す所なり。孰《たれ》かその極《きょく》を知らんや。それを正《せい》なし。正は復《ま》た奇《き》となり、善は復《ま》た訞《よう》となる。人の迷《まよ》える、その日《ひ》固《まこと》に久《ひさ》し。是を以て聖人は、方《ほう》して割《かつ》せず、廉《れん》して刺《さ》さず、直《ちょく》にすれども肆《ほしいまま》にせず、光あれども耀《かがや》かさず

「禍、福之所倚、福、禍之所伏。孰知其極。其無正也。正復為奇、善復為訞。人之迷也、其日固久矣。是以聖人、方而不割、廉而不刺、直而不肆、光而不耀」（第五十八章）

【解釈】

禍《わざわい》には福《ふく》が寄りそい、福《ふく》には禍《わざわい》が潜んでいる。だが誰しもそれを見極めることはできない。だから絶対的に正しいものはない。正も時には奇妙（不正）なものとなり、善《よ》いことも時には怪《あや》しくなる。相対的世界において絶対というものがあるだろうか。だが、人々がこの真理を見失ってから、すでに久しい。

道を体得した人は、自分は正しくとも人を裁断しない。清廉であっても人を批判しない。正しいと思っても自分の意見を押し付けない。明知であっても人に誇《ほこ》らない。几帳面で真面目な人は、白黒をはっきりさせようとするが、白でもない、黒でもな

い曖昧な状態を容認できないのである。これは老子に言わせれば、立派な生き方ではあるが、人間としては、やはり幅が狭く、懐が浅いと言っているのです。リーダーとしては、正も悪も包み込んで対処する懐《ふところ》の深さがほしいと言っているのです。

注：奇《き》：奇妙　倚《よ》る：もたれかかる　復《また》：かえる　訞《よう》：災い　孰《たれ》か：誰か　不割《かつせず》：決めつけない　刺す：他を傷つける　方《ほう》する：分ける　直《ちょく》：正しい　肆《ほしいまま》：自分の思うまま　耀：輝かしいが転じて誇る

■「大学」に見る修己治人とリーダーの心構え

【要点】

・上にある者は、自分の徳を磨き、それを広め、日々新しい気持ちで臨むこと。
・自分の身を修め誠実な心で驕り高ぶりを戒めて会社を運営することができる。

【解説】

「大学」とは、中国の古典の四書（論語、孟子、中庸、大学）の一つで、天下の指導者となるべく人が学ぶべき学問としてまとめたものです。漢の武帝（紀元前二世紀）が指導者への教育理念を示したものと言われています。
内容を概略十項目に分けて、まとめてみますと、左記のようになります。

一、立派な徳を努力して磨くこと…「大学の道は明徳を明らかにするに在り」
明徳とは、高くすぐれた徳性（仁、義、礼、智、信↓五常）を磨き人々の信頼を得る

二、自分が得た徳を周りに広める…「民を新たにするに在り」
自ら磨いた徳を周りの人々に及ぼし広めることです。殷《いん》王朝を創始した湯王は、洗面器に「日々新たに」の文字を刻んで、常に自ら新しい気持ちで政治に臨み、人々を生き生きさせることができると考えて対処していました。

「日に新たに、日々に新たに、また日に新たなり」

三、徳を最高のレベルで維持…「至善《しぜん》に止まるに在り」
止まるべき「至善」とは、磨いた徳を維持し、君としての仁、臣としての敬《けい》、子の孝、親の慈《じ》、友との信をもって対処し、良好な状態を保つことです。

四、物にはすべて順序がある（物の本末、事の終始）…「物に本末有り、事に終始有り」
物事には、すべて根本と末節があり、始めと終わりがあります。何が根本で、何から始めるべきか、そのことをよく心得ていれば、成果も大いに上がります。これを理解していれば、対処するに近道となり簡単なのです。

五、格物致知《かくぶつちち》（ものに内在する道理を極めた正しい判断）

知識を拡充して判断力を磨くためには、物事に内在する道理を極めなければなりません。これを「格物致知」と言います。

六、誠意を持った対応ができて国を治めることができる…「心正《こころただ》して后《のち》に身修まる」

誠意とは、自らの気持ちを欺《あざむ》かないことであり、上に立つ者は衆人環視の中で、人が見ていようがいまいが、絶えず心を慎む、「独慎《どくしん》」の修養が大事です。

七、怒りや心配ごとに振り回されず、心を正して判断…「心ここに在《あ》らざれば…」

正しい判断を行うためには、心を正しい状態に保つこと（「正心」）であります。そのために、怒り、恐れ、楽しみに溺れ、心配ごとに振り回されず、気持ちを正して対処することです。

「心ここに在らざれば、視《み》れども見えず、聴《き》けども聞こえず、食《く》らえども、その味しらず」

八、身を修め偏った判断を避ける（修身）…「人はその親愛する所において辟《へき》す」

身を修めるためには、好きな人、嫌いな人、尊敬している人などに対し、えこひいきせず、公平な対応が大事で、好きな人でも、その欠点、嫌な人でも、その長所を心得て判断することです。

九、家を斉《ととのえ》えて、はじめて世の中の人を導くことができる…「家斉って后《のち》に国治まる」

自分の家が和合（コントロール）できないのに、世の中の人を導くことはできません。親や兄弟に対しても同じです。また、国をまとめていくのも同じであります。

十、絜矩《けっく》の道により国を治めて、天下泰平を保つ（治国平天下《ちこくへいてんか》）

国を正しく治めるには、上からの嫌がらせを下にしてはならず、仲間の嫌なことを他の仲間にしてはなりません。これが相手を思いやる心であり、ルールを守った対応「絜矩《けっく》の道」といいます。

「絜矩《けっく》の道」による政治を行うには、「格物致知《かくぶつちち》」や「正心誠意」の積み重ねによって体得できるものです。

これを実現するために、上に立つものとして、優れた人を登用し、登用した人をうまく使うこと、よからぬ人を退け、退けて遠ざけることが大原則です。

また、登用に値する人はどしどし登用し、登用に値しない人は、断固退けることでもあります。これを「忠信《ちゅうしん》」と言います。一方で、勝手な振る舞い、奢り高ぶりは、支持を失うこととなります。これを「驕泰《きょうたい》」という。

さらに、「義」を踏み外して、「利」を争わないことです。

注：絜矩の道：自分が厭《いや》だと思うことは他人にはしないという思いやりの心を以て対処する姿勢。つまり、自分の心を尺度として人の心を知る道徳上の道

(『修己治人の学「大学」を読む』守屋洋訳、『大学』宇野哲人訳 講談社学術文庫、『大学・中庸』金谷治訳)

第八章　経営者の心構えのまとめ

■経営者としての全般の心得　その一

【要点】

・経営は思うようにはならないのが常である。
・経営者は孤独であり、自分一人で事を成すことを考えずに右腕を持つこと。
・夫婦円満、家庭円満の上に経営が成り立ち、治まるのです。

【解説】

一、人生もビジネスも思うようにはならない

思うようになるのが、おかしいのです。むしろ、思うようにいかない時こそ「新しい道」を見つけるチャンスであり、人材育成のチャンスでもあり、会社を活性化させるチャンスでもあるのです。

大事なのは、楽をして利益は出ないということを、よく理解することです。思うようにいかなくなった時に、自問自答することは五つです。

①知恵無くして結果なし
②行動無くして結果なし
③情報無くして結果なし
④仕組み無くして結果なし
⑤顧客を知らずして結果なし

この五つについて問題点、課題をきちんと把握し、次のビジネスに如何に対応できるかなのです。

二、経営者と異なる右腕を持つ

事業を拡大させた企業を見ると、経営者の陰に右腕というか、参謀というか、すばらしいNO2が必ずいるのです。この人がいて事業が、うまくいっている例が多いのです。

よく言われる、ホンダの本田宗一郎に藤沢武夫、ソニーの井深大《まさる》に盛田昭夫、ミサワホームの三澤千代治（技術）と山本幸男（営業）などです。

大事なことは、似た者同士ではダメで、相乗効果は生まれないのです。

技術の経営者と営業のNO2といったような組み合わせ、あるいは、その逆の性格の違う組み合わせがよいのです。

三、好調の時に新たな事業への布石を打つ

生き残った企業の要因は、よく言われていますが、時代の変化にうまく対応したことなのです。変化への対応時のポイントは、厳しくなってからでは遅いし、出来ないものです。

大事なのは、余裕のある時に、次の新たな事業を考えることです。好調の時ほど冷静に考えられ、資金もあり、意外と良いアイデアが出て、思い切った投資が出来るのです。

四、企業の器は、経営者の器以上にならない

社員十人の企業も、一万人の企業も、良し悪しはすべて経営者で決まります。経営者以上にはなりません。社員は皆、経営者を見て動くのです。極端に言えば、経営者がすべてなのです。

経営者は、絶えずアンテナを高くして、情報収集に努め、勉強を怠らず、現場に足

を運び、潜在リスクを把握し、松下幸之助の言うように、社員に、顧客に、そして世間に愛される会社になるよう心掛けなければなりません。

五、家庭の円満の上に、はじめて企業が治まる

経営者は、孤独です。家庭での夫婦仲、家族仲がうまくなくては、企業を治めることはできないのです。家庭がうまくいって、初めて会社を治め、運営することができるのです。妻の行動や姿勢に問題が多いと、必ず夫に問題が生じます。

中小企業にあっては、企業にお金を融資する時は、「夫婦仲の良さ」に優る担保、保証はないのです。

特に小規模企業においては、必ず「融資のことは、奥さんは知っておりますか。理解をしていますか」と聞くのです。奥さんが知らず、了解が得られていないような融資は注意が必要です。

■経営者としての全般の心得　その二

【要点】

・経営者は、自社の存在理由を自問自答し、その存在意義を高めること。
・理にかなった事業に徹し、身の丈に合った経営に努め、初心を忘れず、驕りを戒めること。

【解説】

一、他の企業、よその社員に自慢でき、羨ましがられる企業を目指す

「あなたの企業で自慢できるものは何ですか」と聞かれて、経営者も、社員も即答できるものが何かありますか。

収益力がダントツとか、給料が高いとかでなくても、何でもよいから、他の企業、よその社員、世間から見て、自慢でき、羨《うらや》まれるものを一つは持つことです。これが社員のやる気を起こす一因でもあると思います。

二、企業に花を咲かせ、実をならせるのは社員

樹に例えれば、経営者は、根であり、幹であります。花を咲かせ、実を成らせるのは社員であります。経営者一人でも、社員一人でも何もできないということを理解して、社員と苦楽を共にし、花を咲かせ、実がなる良い環境づくりに、経営者は、心掛けが必要なのです。

特に、経営者は、自分の力を過信しないことが大事です。根がしっかり張り、立派な幹でも、美しい花を咲かせ、大きな実を成らせなければ、世間は評価しません。経営者は、立派な根になり、幹になることに徹し、社員に美しい花を咲かせ、実を成らせるのです。

三、理にかなった経営の心掛け

バブル期の象徴的な事件の舞台となった企業、イトマンの最後の生え抜きの社長となった吉村昌一《まさかず》氏は、住友グループの経営理念にある「浮利を追わず」という言葉を引用して、「このことを片時も忘れず、実践したい」と言っていました。

経営者は、あのバブルの教訓を忘れず、一時的な目先の利益に惑わされず、顧客のため、社員のためになることを考え、利益第一主義の経営を排除することを肝に銘じ、

実践することが大事なのです。

四、身の丈に合った事業運営

過去の倒産した多くの企業に共通した問題点は、バランスを欠いた自らの企業体力にそぐわない過大投資に走ったことにあります。

成功だけで、失敗体験がないと、自然と奢りが出るものです。過去の成功体験に過度に依存せず、いつも自らの経営体力をよく理解し、踏まえたうえで対処することなのです。

五、物事を成し遂げるには、目標、期限、実行の三つ

物事の目標を定め、期限を切り、如何に実行するかの、この三つしかありません。これを可能にするのは、経営者の責任と覚悟を持った「決断」です。そして、お客様、取引先からの「信用・信頼」を得ることなのです。

さらに、厳しいビジネス競争での休むことのない、経営者自らの「努力」と困難に打ち勝つ「忍耐」。そして、どんな結果であっても「運命」として受け入れる度量が必要なのです。

六、初心を忘れず、驕りを戒める

長くその地位にいると、知らず知らずに自信過剰になり、努力を怠り、人が馬鹿に見えてきます。さらに謙虚さがなくなり、人の意見に耳を貸さなくなるのです。

驕り高ぶった経営者のもとでは、社員も、顧客も離れ、知らず知らずに会社も組織も沈滞してきます。驕りを戒め、会社をスタートした時、苦労した時を片時も忘れてはいけないのです。

おわりに

私は、地方銀行に奉職して四十年、その後、同じ銀行関連会社に六年、通算して四十六年間と、約半世紀をほぼ同じ職場でビジネスマンとして過ごし、二〇一八年六月をもってビジネスマン人生に終止符をうちました。

この間、仕事を通じて学んだ知恵、職場の先輩の方々や取引先の企業経営者の方々の示唆に富んだ言葉、また講演会などで参考になった事項、その他、日頃の読書を通じて仕事に、社会生活の生き方として道標《みちしるべ》となるようなことを三十歳半ば頃から、自分なりに書き留めてまいりました。

そんな中、出身高校の同窓会の某部会より総会での記念講演を依頼され、書き留めていた資料を取りまとめ退職間際に講演を行いました。講演後、本としてまとめてはとの声もいただいたことから、昨年四月に第一弾として自費出版で上梓しました。

自費出版本を銀行時代の友人、学生時代の同窓などに配布したところ、予想だにしていなかった前向きな評価をいただくとともに、私の知らぬところで配布先から次から次へと渡り、全く私と面識のない先からもそれなりの評価をいただきました。そうした中、文芸社様のご縁とご好意を得て、幸運にも出版の機会をいただきました。

自費出版時点で時間の関係で書き残した、いくつかのテーマがありましたので、これらを今回追加し、新たに一冊の本として、この度、出版する運びとなりました。

講演など皆さんの前でお話しする場合、あるいは企画書など文章を作成する場合、大事なことは、聴く人、読む人の、多くの方に如何に思い通りに意図していることを伝えられたかであると思っています。

そのための伝え方の心得として、心にとめていることの一つは簡単明瞭で分かりやすいこと、二つ目は内容が面白く興味をそそること、そして三つ目は、内容がためになったかであると思っています。

今回も執筆にあたっては、この三つを心掛けましたが、書き上げて、内容的に物足りないもの、表現的には、不十分と思われるものもありますが、銀行員として、約半世紀を地方銀行で過ごした私のビジネスマン人生の辿った証として、それなりに考えや、思いを書き上げできたものと思っています。

今回の出版にあたり、様々なアドバイスをいただいた文芸社編成企画部の須永賢さん、編集・校正にあたっていただだいた井上格さん、その他出版にあたりお手伝いいいただいた皆様に厚く御礼申し上げます。

最後に、この本を手にした人にとって、多少なりとも企業経営の在り方や考え方にご理解いただき参考となり、明日への経営に少しでもお役に立てれば幸いに思っております。

参考図書

守屋洋「中国古典の名言録」（プレジデント社　1989年3月）
守屋洋「中国古典一日一話」（三笠書房　2007年10月15日）
守屋守　守屋　淳「中国古典の名言録」（東洋経済新報社　2001年6月）
諸橋轍次「中国古典名言事典」（講談社学術文庫　1995年6月23日）
守屋洋「修己治人の学　大学を読む」（致知出版社　2005年1月8日）
伊與田覺「「大学」を味読する　己を修め人を治める道」（致知出版社　2008年8月8日）
守屋洋「中国古典百元百話　大学・中庸」（PHP研究所　1989年5月24日）
宇野哲人全訳注「大学」（講談社学術文庫　2003年12月19日）
金谷治訳注「大学・中庸」（岩波文庫　2003年10月15日）
金谷治訳注「論語」（岩波文庫　2004年2月14日）
佐藤一斎（久須本文雄全訳注）「言志四録」（講談社　2001年3月30日）
加地伸行全訳注「論語」（講談社学術文庫　2004年3月10日）
伊與田覺「中庸に学ぶ」（致知出版社　2011年3月31日）
阿部吉雄外「老子・荘子　上」（明治書院　2001年10月25日）

松本一男「現代人のための「老子」入門」（日本文芸社　1994年10月20日）
守屋洋「世界最高の人生哲学　老子」（SBクリエイティブ社　2017年3月13日）
野村茂夫「ビギナーズ・クラシックス　中国の古典　老子・荘子」（角川ソフィア文庫　2020年9月10日）
梅原郁編訳　朱熹編「宋名臣言行録」（ちくま学芸文庫　2016年1月20日）
鎌田茂雄「中国の人生訓に学ぶ　菜根譚」（NHKサービスセンター　2006年3月20日）
宮城谷昌光「歴史の活力」（文春文庫　2000年9月25日）
早坂茂三「男たちの履歴書」（集英社文庫　1998年1月25日）
岩瀬達哉「ドキュメント　パナソニック人事抗争史」（講談社＋α文庫　2016年4月）
C・Nパーキンソン（森永晴彦訳）「パーキンソンの法則」（至誠堂　1961年9月12日）
新潟日報報道部「宰相田中角栄の真実」（講談社　1994年10月31日）
水木楊「田中角栄　その巨善と巨悪」（文春文庫　2001年6月30日）
佐藤昭子「私の田中角栄日記」（新潮文庫　2001年4月5日）

別冊宝島「田中角栄という生き方」（宝島社　2014年6月19日）
小林吉弥「田中角栄の3分間スピーチ」（光文社　カッパブックス1989年4月10日）
小和田哲男「甲陽軍鑑入門」（角川ソフィア文庫　2007年11月25日）
佐々木常夫「部下を定時に帰す仕事術」（WAVE出版　2015年11月13日）
武田鏡村「安岡正篤の人間学」（PHP研究所　2007年12月3日）
安岡正篤「干支の活学」（プレジデント社　2003年7月17日）
塩田潮「昭和の教祖　安岡正篤の真実」（ワック㈱　2006年8月10日）
感性文化研究所「平成に甦る　人間・安岡正篤」（黙出版　1996年1月25日）
安岡正篤「佐藤一斎「重職心得箇条」を読む」（致知出版　2002年12月1日）
松下幸之助「経営心得帖」（PHP文庫　2012年9月7日）
松下幸之助「実践経営哲学」（PHP文庫　2004年12月27日）
松下幸之助「「一日一話」　仕事の知恵・人生の知恵」（PHP文庫　2004年12月27日）
江口克彦「松下幸之助の見方・考え方」（PHP研究所　2006年12月11日）
江口克彦「ひとことの力　松下幸之助の言葉」（東洋経済新報社　2014年12月18

日）
國重惇史「住友銀行秘史」（講談社　２０１６年10月5日）
有森隆「住友銀行　暗黒史」（さくら舎　２０１７年2月13日）
大塚将司「回想　イトマン事件」（岩波書店　２０２０年12月22日）
植西聰「ヘタな人生論よりイソップ物語」（河出文庫　２００７年11月30日）
有森隆「巨大倒産」（さくら舎　２０１７年10月11日）
木村泰三「与信　体験的中小企業融資の手引」（中小企業リサーチセンター　１９９8年2月5日）

著者プロフィール

岡野 正明（おかの まさあき）

昭和25年（1950）11月 埼玉県生まれ
昭和48年（1973）3月 東京経済大学卒業
　　　　　　　　4月 武蔵野銀行入行
平成15年（2003）7月 執行役員 事務部長
平成18年（2006）6月 取締役
平成20年（2008）6月 常務取締役
平成25年（2013）7月 さいたま総合保険サービス㈱社長就任
平成30年（2018）6月 同社社長退任

上に立つ者にとって最も大事な教訓

企業運営の在り方・考え方

2023年9月15日　初版第1刷発行

著　者　岡野 正明
発行者　瓜谷 綱延
発行所　株式会社文芸社
　〒160-0022　東京都新宿区新宿1－10－1
　電話 03-5369-3060（代表）
　　　 03-5369-2299（販売）

印　刷　株式会社文芸社
製本所　株式会社MOTOMURA

ISBN978-4-286-24428-0